Imaginação Ativa

A Arte de Curar-se Através do Poder da Mente

CB131252

SERGE KING

Imaginação Ativa

A Arte de Curar-se Através do Poder da Mente

Tradução
CLAUDIA GERPE DUARTE

EDITORA PENSAMENTO
São Paulo

Título do original:
Imagineering For Health
Self-healing Through the Use of the Mind

Copyright © 1981 by Serge King.
Publicado mediante acordo com THE THEOSOPHICAL PUBLISHING HOUSE.

Edição	Ano
1-2-3-4-5-6-7-8-9-10	92-93-94-95-96-97

Direitos de tradução para a língua portuguesa
adquiridos com exclusividade pela
EDITORA PENSAMENTO LTDA.
Rua Dr. Mário Vicente, 374 - 04270 - São Paulo, SP - Fone: 272-1399
que se reserva a propriedade literária desta tradução.

Impresso em nossas oficinas gráficas.

Sumário

PARTE II

PARTE III - TÉCNICAS

Introdução

Este livro propõe-se a ajudar o leitor a criar para si mesmo um estado de saúde, empregando seus próprios recursos espirituais, mentais e emocionais. Uso a expressão "Imaginação Ativa" para representar esse processo porque ela contém a idéia de construir alguma coisa com a mente. Não existem praticamente limites para o que pode ser feito com a Imaginação Ativa mas, nesta obra, estaremos concentrados na cura.

O que você irá ler é a essência depurada de quase trinta anos de pesquisa sobre a natureza da mente e das emoções humanas. Na qualidade de estudante de metafísica, e como paramédico, antropólogo amador, engenheiro social, consultor administrativo, conselheiro pastoral e psicólogo, tive algumas oportunidades singulares de estudar os efeitos positivos e negativos do pensamento humano. Durante esse período, fiquei absolutamente convencido de que criamos a nossa própria experiência, de que só somos vítimas de nós mesmos, e de que temos o poder de refazer a nossa experiência de praticamente qualquer maneira que desejarmos.

O exemplo mais visível desse poder está em nosso estado de saúde. Durante os sete anos que passei na África, associando-me de quando em quando a vários "curandeiros", testemunhei muitos casos daquilo que os americanos poderiam chamar de curas milagrosas. Presenciei o mesmo tipo de "milagres" na companhia de curadores espirituais e paranormais, e, usando o que aprendi, realizei pessoalmente algumas coisas bastante extraordinárias. Além disso, enquanto estudava para me tornar psicólogo, passei a compreender cada vez mais que a cura não é uma habilidade especial, reservada a uns poucos especialistas altamente treinados ou a pessoas "fora do comum", e sim uma aptidão natural e criativa que todo ser humano possui. Criamos a nossa doença do mesmo modo como criamos a nossa saúde e, em última análise, ninguém pode nos curar a não ser nós mesmos. O que impede que todas as pessoas percebam esse fato são simplesmente suas crenças a respeito de cura e doença.

Desse modo, começo meu livro falando a respeito das idéias e das crenças e do modo como elas determinam a nossa experiência. Passo a seguir a familiarizá-lo com alguns dos poderes e características da sua mente que você talvez ainda não conheça a fundo. Na Parte II do livro, analiso várias maneiras pelas quais criamos a doença e, na Parte III, apresento maneiras de começar a criar saúde.

Admito francamente tratar-se de um livro repleto de idéias não ortodoxas. Algumas delas, inclusive, poderão fazer com que os profissionais mais tradicionais da área da saúde fiquem simplesmente furiosos. Mas é um livro sincero. Cada uma de suas idéias foi usada com êxito por alguém. Meu objetivo é colocar de volta o poder de cura no lugar ao qual pertence – VOCÊ. Não estou absolutamente defendendo o abandono total do sistema de saúde vigente porque ele é capaz de fazer, e efetivamente faz, um trabalho muito bom. Mas eu não me oporia a uma pequena revolução que permitisse às coisas retornarem a uma perspectiva adequada. Este livro é sobre você e para você. Leia-o. Use-o. Fique saudável.

PARTE I

Capítulo 1

O Mundo é o que Você Pensa que ele é

As idéias dominam o mundo. Elas, porém, são de dois tipos: os fatos e as opiniões. E cada uma delas produz espécies diferentes de efeitos.

A meu ver, um fato é algo que afeta cada ser humano na Terra, independentemente de raça, credo, cultura ou localização. Na verdade, existem relativamente poucos fatos. A vida é um fato, assim como o nascimento, a morte, a gravidade, o eletromagnetismo, a terra, o sol, o ar, o calor, o frio, etc. Os fatos são coisas que *existem*. Tanto eles como os efeitos que produzem afetam todo mundo e, para todos os fins práticos, não podem ser mudados. Podemos eliminar os fatos (tal como os seres humanos eliminaram o pássaro dodó), ou manipulá-los (para fabricar as geladeiras e as lâmpadas elétricas), mas não podemos mudar os fatos em si.

Para tornar esta explicação o mais clara possível, desejo esclarecer que considero as coisas materiais e as idéias como fatos, porque se aceitamos o pássaro dodó, o dinossauro e o pombo selvagem extinto da América do Norte como fatos, torna-se então óbvio que esses "fatos" deixaram de existir. Não podemos alterar o fato da existência do dodó ou do pombo selvagem em algum ponto do tempo, mas ao matarmos todos eles podemos eliminar esse fato como uma parte da realidade presente. Se um fato é *o que existe*, então um pássaro dodó não é um fato porque ele não existe. O que existe, no caso do pobre pássaro dodó, é seu registro. Este último é um fato enquanto que o pássaro não o é. É por isso que eu digo que os fatos podem ser eliminados e manipulados, mas não mudados.

A mais ampla categoria de idéias que afetam a nossa vida se compõe de opiniões as quais, neste livro, são o mesmo que crenças. As opiniões são idéias *a respeito* de fatos, e afetam apenas algumas pessoas por algum tempo. Não obstante, são muito poderosas, porque são as suas opiniões a respeito da vida que determinam como você se sente, o que você faz, como se relaciona com as outras pessoas e com o restante da sua experiência pessoal. As opiniões diferem acentuadamente dos fatos, uma vez que podem ser mudadas. E, à medida que as opiniões mudam, o mesmo acontece com a sua vivência dos fatos.

O que leva muitas pessoas a terem problemas é sua tendência a confundir opiniões e fatos. Em outras palavras, elas tratam suas opiniões como se fossem fatos da vida, em vez de vê-las como idéias a respeito de fatos. Eis alguns exemplos típicos de opiniões que algumas pessoas chamam de fatos:

"A vida é uma batalha."
"O sucesso depende da sorte."
"Tudo que acontece depende do destino."
"Sou impotente para lutar contra as forças que me rodeiam."
"Sou incompetente e desprezível."
"O mundo é um lugar amoroso e estimulante."
"Sou capaz de fazer qualquer coisa que me disponha a fazer."
"A experiência é previsível (ou imprevisível)."

Para tornar mais claro o que estou dizendo, vou extrair os fatos das opiniões acima:

"A vida é."
"O sucesso é."
"Tudo que acontece é."
"Eu sou."
"O mundo é."
"Sou capaz de fazer."
"A experiência é."

Estes são os fatos. *Qualquer coisa que se lhes acrescente é uma opinião.* Como você pode ver, as opiniões podem ser positivas ou negativas. O importante, contudo, é que, sejam elas quais forem, governarão a sua experiência. Uma opinião a respeito da vida assemelha-se a um par especial de óculos através dos quais você vê o mundo. São tão especiais que só lhe permitem ver certas coisas de uma determinada maneira. Com as lentes de filtragem de suas opiniões, você mantém fora da consciência tudo o que não consegue atravessar o filtro, de modo que a vida parece se ajustar à sua opinião preestabelecida. Em vez de reagir com liberdade ao que existe, você reage ao que suas opiniões lhe dizem. Se isto funciona para você, ou seja, se o torna mais saudável, mais feliz, mais forte, mas bem-sucedido, etc., é realmente maravilhoso. Mas, ao examinar a si mesmo e às pessoas ao seu redor, poderá descobrir que com excessiva freqüência seus óculos – suas opiniões – não estão funcionando bem. Não se desespere. As opiniões não são fatos. Você escolhe (num determinado nível) aquelas que você tem, e não precisa ficar com elas se não o desejar.

A Origem de suas Opiniões

Talvez agora você esteja se perguntando: "Se minhas crenças a respeito da vida são meras opiniões, como cheguei a tê-las?" Muito bem, vou lhe dizer.

Desde o momento em que saiu do útero, você começou a viver plenamente a vida, e começou a tentar compreender o que estava acontecendo à sua volta. Quando bebê, você não é apenas um pedaço de carne que se contorce; é muito mais consciente e sensível ao ambiente do que julga a maioria das pessoas. Li recentemente um artigo que dizia que bebês recém-nascidos de apenas sessenta segundos de idade são capazes de imitar e reagir aos trejeitos faciais de um adulto. Ao reagir, você também está fazendo suas primeiras tentativas de interpretar sua experiência. À medida que você cresce, precisa tentar compreender um pouco este mundo novo, de modo que faz escolha ou toma decisões com relação ao significado da sua experiência. Assim que tiver tomado uma decisão, mesmo que provisória, você automaticamente olha ao redor, buscando indícios que confirmem o acerto da sua decisão.

Seus pais são muito úteis nesse sentido. Você observa as reações deles aos diversos acontecimentos, ouve suas palavras, ausculta sua telepatia e usa esses dados para tomar e confirmar suas decisões. Parte do que eles fazem, dizem e pensam você aceita, e parte você rejeita. Um dos atuais projetos psicológicos de pesquisa está relacionado com o estudo de crianças denominadas "invulneráveis". Trata-se simplesmente de crianças que crescem em lares com pais e irmãos caóticos, esquizofrênicos, neuróticos e/ou psicopatas, e que não parecem ser afetadas pelas idéias e pelo comportamento do resto da família. Elas não têm superioridade de ordem genética, ou outra, quando comparadas às crianças que sucumbem. Elas simplesmente tomaram decisões diferentes a respeito da vida e de si mesmas. Veja, você não é uma indefesa tela em branco na qual são inscritas todas as opiniões dos seus pais. Você faz escolhas o tempo todo. Quando fica um pouco mais velho, começa a observar e ouvir seus parentes, colegas e outros adultos detentores de autoridade, e continua a tomar decisões. O simples fato de as crianças de uma mesma família serem capazes de crescer com personalidades tão diferentes demonstra que suas decisões são tomadas individualmente.

Uma vez que você tenha decidido que uma certa escolha a respeito de como interpretar uma experiência está correta, você deu origem a uma opinião. A partir daí, sua tendência será canalizar todas as experiências semelhantes através da mesma opinião, prestando atenção somente às partes que confirmam sua escolha e desprezando o resto. A maioria das grandes decisões que você toma a respeito da vida ocorrem na infância, e elas atuam como diretrizes que permanecem válidas até a vida adulta, a não ser que você as modifique.

Vamos analisar duas criancinhas que trouxeram para dentro de casa um balde d'água e um pouco de barro e estão fazendo tortas de lama na mesa da sala de jantar. A mãe entra na sala e fica horrorizada. Ela grita, berra, diz-lhes que são más e aplica-lhes umas boas palmadas. Esta é a experiência direta. Uma delas, porém, decide se concentrar na idéia de que é má, que magoou a mãe de alguma maneira, e que deve ser muito burra por não ter percebido que o que estava fazendo era errado. Isto confirma decisões provisórias anteriores de que o mundo é imprevisível e de que ela é altamente incapaz de lidar com ele. A segunda criança resolve se concentrar na idéia de que os pais não gostam de barro, de que ela provavelmente irá apanhar se fizer coisas de que eles não gostam, e que ainda existem muitos outros lugares onde poderá fazer tortas de lama. Isto confirma decisões provisórias anteriores segundo as quais o mundo é imprevisível e ela é capaz de lidar com ele. A mesma experiência direta, processada através de dois conjuntos de filtros diferentes, produz dois conjuntos de diretrizes totalmente individuais.

Sua Vida Reflete suas Opiniões

Uma coisa é compreender com o intelecto que somos a origem de nossa experiência, e uma outra bem diferente é examinar atentamente a própria vida e dizer, "Puxa! Olhem só o que eu fiz!" Esta é uma idéia bastante difícil de se aceitar, especialmente numa sociedade que gosta de defender a noção de que a vida é algo que acontece a nós. Entretanto, as pessoas bem-sucedidas são aquelas que estão dispostas a aceitar que são elas que acontecem à vida, e não o oposto.

Antes que você possa começar a escolher melhores opiniões, precisa reconhecer que as que possui agora não estão dando certo. Uma maneira é dar uma boa olhada em sua experiência atual, e perceber que qualquer uma de suas características, desejáveis ou indesejáveis, é efeito do seu próprio pensamento. O estado da sua vida revela involuntariamente o estado de suas crenças. Muitas pessoas se opuseram veementemente a esta última afirmação. Insistiam em dizer que suas crenças a respeito da vida eram todas puras e positivas, embora suas experiências fossem uma confusão total. Só depois de terem superado o medo de realmente examinar seus pensamentos foi que puderam fazer progressos na qualidade de sua experiência. Não há como fugir: se você estiver vivendo na pobreza é porque tem opiniões que o impedem de ganhar dinheiro; se tiver uma saúde precária, é porque suas opiniões impedem-no de ficar bem; se não consegue se relacionar com as pessoas, é porque certamente tem opiniões que o impedem de fazê-lo. O que acontece em sua vida reflete o que existe em sua mente.

Sua vida é um espelho das crenças que você tem a respeito dela, mas examiná-la apenas lhe dirá quais as áreas em que suas crenças não estão funcionando. Esse exame não esclarece quais são essas crenças. Para tanto, é preciso uma auto-análise mais profunda, e vou propor um exercício para isto, no final do livro. No momento, vou mostrar alguns exemplos de crenças e as experiências que podem produzir.

A descrição parcial de um sistema de crenças que apresento a seguir foi extraída do caso de uma pessoa que eu estava treinando e que havia percebido que o setor monetário da sua vida simplesmente não estava funcionando. Através de um processo de autoquestionamento, descobrimos que sua opinião fundamental a respeito do dinheiro era que

DINHEIRO É TEMPO

Depois, é claro, tivemos que descobrir sua opinião fundamental a respeito do tempo, que era

O TEMPO É LIMITADO

Estas duas opiniões produziram a seguinte seqüência lógica no seu biocomputador:

O Tempo é limitado,
e Dinheiro é Tempo;
por conseguinte, o Dinheiro é limitado.
Portanto, não importa o quanto eu me empenhe ou o quanto eu ganhe, nunca terei Dinheiro suficiente.

Uma vez que só podemos agir de acordo com as nossas opiniões fundamentais a respeito da vida, esta mulher tinha o hábito de, através de seu comportamento, criar condições que faziam com que sua experiência se ajustasse àquilo em que ela acreditava a respeito do dinheiro.

Para mostrar como opiniões diferentes podem produzir o mesmo efeito, eis um outro exemplo. Nesse caso, tratava-se de um homem cujas três opiniões básicas a respeito da vida eram:

SEMPRE CONSEGUIMOS O QUE MERECEMOS
SOU UMA PESSOA BOA
DINHEIRO NÃO PRESTA

e que inevitavelmente conduziam a

Eu mereço o que é bom e, por conseguinte, não mereço dinheiro.

Pode parecer engraçado; porém, esse tripé ideológico estava destruindo a vida desse homem. É importante observar que o mesmo efeito (a falta de dinheiro) ocorreria se as duas últimas crenças fossem "Eu não presto" e "Dinheiro é bom." Se me permitem uma opinião popular sobre a vida, eu diria que cambalhota se dá de muitos jeitos.

Todos os Problemas são Causados por um Conflito de Idéias

As experiências mentais, emocionais, sociais e físicas de dor, sofrimento e carência se originam de um conflito de opiniões ou idéias. Dentre os vários tipos de conflito, aquele que causa mais problemas é o que se baseia em opiniões sobre o que "deveria" ser. Quero com isso me referir àquela idéia que temos de que algo "deveria" ser diferente do que parece. Suponha que você é aquela mãe para quem é inabalável a opinião de que o trabalho doméstico é extremamente enfadonho. Você comunicou esta idéia aos seus filhos através de muitas maneiras sutis, e estes a acataram com sofreguidão. Entretanto, você também é da opinião que as crianças deveriam manter seus quartos limpos e arrumados (não que elas o façam, e sim que *deveriam* fazê-lo). O mais provável é que o quarto das crianças fique o tempo todo extremamente desarrumado, que você tenha um acesso de frustração, mostre-se ranzinza, até passe por uma dor de cabeça ou indisposição de estômago porque o quarto não é conservado da maneira como "deveria". As crianças deveriam ser organizadas mas não são, mas elas deveriam ser, mas não são, mas deveriam ser – e a sua cabeça fica girando sem parar.

Os "deveriam ser" se manifestam em qualquer área da vida e são dotados de efeitos potencialmente devastadores para a saúde e a eficiência. Seu pior aspecto é que são programados para torná-lo um perdedor, não importa o que você faça. Eles geram conflitos pela própria natureza de suas suposições. O uso da palavra "deveria", nesse sentido, implica de antemão que algo não corresponde ao que existe (à parte o fato de que "o que existe" ser apenas a sua idéia do que existe). Desse modo, você fica comparando a experiência que está tendo com a que "deveria" estar tendo, e termina numa batalha constante consigo mesmo.

Uma das idéias do tipo "deveria ser" mais comuns é representada pela indignada exclamação, "Isso não é justo!" que implica naturalmente que o que não é justo deveria sê-lo. As pessoas que usam muito essa exclamação costumam se sentir bastante infelizes. A idéia genérica que a sustenta é "a vida deveria ser justa". Para atingirmos a base dessa outra idéia, precisamos descobrir qual o significado da palavra "justa", e se nos aprofundarmos o suficiente, veremos que ela se traduz por "a vida deveria ser do jeito que eu quero." Assim que esse significado for reconhecido, você terá uma escolha mais clara quanto a continuar com essa opinião ou alterá-la. Observe que existe uma grande diferença entre "A vida *deveria* ser do jeito que eu quero e "A vida *pode* ser do jeito que eu quero". A primeira reprime qualquer esforço positivo, e a segunda o estimula. Fique portanto atento aos "deveria ser" de sua vida. Você será bem mais feliz, mais eficiente, e terá um senso muito maior de confiança e valor pessoal se se livrar deles.

Um outro tipo de conflito ocorre quando uma idéia de âmbito geral entra diretamente em conflito com uma idéia de âmbito específico. Conheci um sargento dos Fuzileiros Navais que me procurou um dia para falar a respeito de seus problemas. Ele era sulista, e seu problema estava relacionado com o fato de nosso pelotão ser plurirracial. *Individualmente*, ele se dava bem com os negros do quartel, porque todos eles eram agradáveis, trabalhadores e cooperavam para o nosso trabalho de equipe. Quando pensava neles e reagia diante deles como homens, não tinha problemas. Mas quando pensava neles como negros, todos os antigos sentimentos que haviam norteado sua infância e adolescência vinham à tona e ele ficava extremamente perturbado. As opiniões preconceituosas que aprendera quando criança ainda eram crenças em vigor, mas não se sustentavam quando ele lidava com os indivíduos específicos. A afirmação "Alguns de meus melhores amigos são negros" é com freqüência tomada como um chavão hipócrita, mas talvez não o seja. Poderia ser apenas o desconfortável reconhecimento do conflito entre uma opinião generalizada sincera e opiniões a respeito de pessoas específicas. Mas esses conflitos ainda causam medos, separações e conflitos sociais desnecessários. Você poderá encontrar em si mesmo esses conflitos entre as generalizações e os aspectos específicos de conceitos sobre a raça, a religião, a política, a cultura, a educação, a fama e a sorte. Examine-os bem. Se suas generalizações não o tornam mais feliz, mais saudável, mais amoroso e mais eficaz, talvez não valha a pena mantê-las.

Os conflitos interiores e seus efeitos externos também ocorrem quando uma antiga opinião está sendo desafiada por uma nova. Nossas opiniões a respeito do mundo estão intimamente relacionadas com a nossa sensação de segurança. Por mais estranho que possa parecer, até mesmo antigas opiniões que não são mais eficazes ou que nos estão causando todos os tipos de problemas ainda oferecem uma espécie de segurança porque estamos habituados a elas. Quando escolhemos uma nova perspectiva, ou somos "forçados pelas circunstâncias" a interpretar a nossa realidade de uma nova maneira, atravessamos invariavelmente um período de insegurança antes que a nova interpretação seja estabelecida como um hábito. Quanto mais fundamental a crença que estiver sendo desafiada, maior a sensação de insegurança. Algumas vezes a sensação é a de que o mundo está literalmente se desintegrando. E, nesse caso, isto é absolutamente verdadeiro; o nosso mundo está se despedaçando porque a experiência reflete a crença. *Mas você não terá mudanças positivas na sua vida a não ser que o desejo de alterar suas circunstâncias seja maior do que o conforto da dor costumeira.*

O Presente se Encontra "Onde Ele Está"

O agora é tudo o que existe. Embora vivamos num mundo voltado para o tempo, só podemos viver o momento presente. Aquilo que chamamos de passado é apenas um punhado de outros momentos presentes, recordados ou registrados e experimentados como conhecimento neste presente. E o futuro é apenas um outro conjunto de momentos presentes a serem ainda vividos, mas a respeito dos quais podemos pensar no presente.

Um grande número de pessoas pensa que as causas de suas atuais dificuldades repousam no passado. Mas não é bem assim. É verdade que, no passado, você tomou determinadas decisões a respeito da vida, e que elas produziram os efeitos que você está experimentando agora, mas isto está acontecendo assim, neste momento, porque seu pensamento ainda está atuando de acordo com essas antigas decisões. Decisões a respeito da vida são como sementes com o ímpeto interior de realizar seu potencial. As maçãs se desenvolvem a partir de sementes de maçã, mas as sementes não são a causa das maçãs. A causa das maçãs é um impulso contínuo rumo à realização. Não importa se as decisões produziram efeitos felizes ou infelizes, maçãs ou ervas daninhas. O impulso rumo à realização está presente e os efeitos continuarão, até que extirpemos as plantas que não desejamos.

Muitas pessoas também receberam a idéia de que as dificuldades do presente são causadas por recordações ou incidentes passados, enterrados em alguma parte profunda e inconsciente do eu. A imagem do psiquiatra que precisa passar meses ou anos desvelando algum incidente traumático do passado que está afetando secretamente o comportamento de um paciente é bastante conhecida do público. Minha abordagem difere bastante desta última em três aspectos.

Em primeiro lugar, para todos os efeitos práticos, o passado não existe mais; o que existe é a sua *lembrança* dele. Mas esta última existe no presente e amiúde não está de acordo com a lembrança de outras pessoas a respeito das mesmas experiências. Alguma vez você já conversou a respeito dos velhos tempos com um amigo ou parente, descobrindo que a recordação dele sobre o que aconteceu numa certa ocasião é completamente diferente da sua? Não se trata de definir quem está certo, mas de como cada um de vocês interpretou a experiência e a modificou para que se encaixasse no seu sistema de crenças. Você se lembra do que faz em virtude de suas opiniões atuais. À medida que elas mudam, o mesmo acontece com suas recordações e com suas reações diante dessas recordações. No caso específico de uma mulher a quem ajudei, ela era incapaz, no início, de recordar quaisquer incidentes felizes de sua infância. Para ela, esse tinha sido um período negro e amargo. Contudo, depois de algumas sessões voltadas para a mudança de opinião, ela começou de repente a se lembrar de muitos incidentes felizes. Essas recordações não estavam enterradas em nenhum lugar; estavam disponíveis o tempo todo. Ela simplesmente não as estava enxergando. Além disso, começou a analisar os incidentes amargos sob um prisma diferente, percebendo que eles não eram tão maus, afinal de contas. Anteriormente, ela teria jurado sobre a Bíblia que sua memória do passado era a única verdade que existia.

Em segundo lugar, os incidentes passados são relativamente pouco importantes. É fácil passar anos examinando e escolhendo lembranças de incidentes passados nos quais você possa lançar a culpa de situações presentes, mas isto é lento, tedioso, desnecessário, e amiúde improdutivo. É como retirar pedaço a pedaço a argamassa que envolve cada tijolo de uma grande parede. É bem mais fácil, rápido e eficiente derrubar os alicerces porque então a parede toda desmonta. Quando uma opinião fundamental a respeito da vida se altera, cada incidente e cada opinião que lhe corresponde também muda. A lembrança dos incidentes permanece, mas sua interpretação – e portanto o efeito que eles exercem sobre nós – são totalmente modificados. Uma mulher com quem trabalhei tinha graves deficiências de aprendizagem, cuja culpa ela atribuía ao fato de lhe terem dito, quando criança, que era mentalmente retardada. Ela havia optado por acatar essa visão estreita, mas com isso só se proporcionava alguns incidentes nos quais lançar a culpa. A única coisa que fiz foi lhe mostrar que ela ainda alimentava a opinião de que não era capaz de aprender assuntos difíceis. Sendo incentivada por um período de tempo relativamente curto, ela conseguiu mudar de opinião, e agora está fazendo com êxito cursos de astronomia, física e bioquímica. Aliás, quero deixar claro que não estou falando mal dos psiquiatras; estou apenas dizendo que alguns de seus métodos não são eficientes.

Em terceiro lugar, afirmo que todas as suas opiniões estão conscientemente disponíveis a qualquer momento. Não estão trancadas em alguma masmorra sombria do seu subconsciente, ciumentamente protegidas da sua percepção. Você sabe, de forma consciente e exata, o que elas são. O que acontece é que às vezes você se esquece de que elas estão lá, ou não quer olhar para elas. Você possui uma quantidade imensa de informações na sua mente consciente que tem como certas e às quais não presta a menor atenção. Por exemplo, há o Afeganistão. Eu não sei qual é a sua opinião a respeito desse país, mas você sabe, e pode trazê-la para o foco da sua atenção presente se o desejar. É claro que se eu não tivesse mencionado o Afeganistão você talvez não pensasse nele durante semanas, mas a informação está aí, disponível.

E o mesmo ocorre com as informações a respeito de todas as suas outras opiniões mais pertinentes. O principal motivo pelo qual pode ser-lhe difícil trazer algumas delas até a sua atenção imediata é que provavelmente existem algumas opiniões do tipo "não deveria" interferindo no processo. Suponha que você tem uma opinião do tipo "A minha mãe é uma praga." Você também poderá ter uma outra opinião que diz "Eu não deveria sentir isso por minha mãe." Se a segunda for mais forte, poderá impedi-lo de levar em conta a primeira, e você pode conseguir se convencer muito bem de que não entende por que não consegue se dar bem com ela. O que estou querendo dizer é que, apenas porque você não deseja examinar algumas opiniões particulares, isto não significa que você não saiba que as tem. Além disso, os efeitos das mesmas estão todos ao seu redor.

Quanto ao futuro, não existe absolutamente nada definido a respeito dele. Ele se desenvolve a partir dos seus pensamentos atuais, inclusive dos habituais aos quais você não presta muita atenção. Você está, neste exato momento, plantando as sementes do seu futuro. Entretanto, como você tem o poder de mudar seus pensamentos, o futuro é uma série de probabilidades em vez de um destino fixo. Você não é, de forma alguma, uma vítima do passado, nem tampouco do presente. Os hábitos anteriores de pensamento e comportamento não determinam o seu futuro a não ser que você o permita, e você não precisa fazer isto. Como diz o ditado, colhemos aquilo que semeamos. Seus pensamentos são as sementes, as emoções o fertilizante e a época do plantio é agora.

Suas Únicas Limitações são Aquelas com as quais Você Concorda

Na qualidade de ser humano, você realmente não tem muitas limitações. Sentado aqui, dando tratos à bola para descobrir limitações, confesso que estou tendo muita dificuldade para descobrir alguma que não tenha sido superada por alguém, em algum lugar, em alguma ocasião. E, como todos nós temos a mesma origem, o que é possível para um ser humano é potencialmente possível para qualquer outro.

A juventude não é uma limitação. Têm havido crianças-prodígio em quase todas as áreas, e estudos recentes demonstraram que o QI de crianças aparentemente bobas pode sofrer um dramático aumento com a simples providência de lhes oferecer um professor que acredite que elas são mais inteligentes do que se mostraram até então. Tivemos capitães de navios, durante a Revolução Americana, que tinham entre 16 e 19 anos de idade; há pouco tempo, tivemos muitos exemplos de pessoas com menos de 25 anos, inclusive adolescentes, que se tornaram empresários bem-sucedidos, alguns até milionários; e estamos vendo cada vez mais jovens no início da adolescência tornando-se estrelas nas Olimpíadas.

A velhice não é uma limitação. Existem pessoas idosas, na casa dos 80, que estão começando com sucesso novas profissões; algumas pessoas mais velhas possuem vitalidade física suficiente para executar proezas surpreendentes de força e resistência em esportes como natação, levantamento de peso e corrida; muitos idosos estão partilhando com êxito sua sabedoria e perícia em vários projetos de desenvolvimento social, e eu inclusive conheci alguns que eram voluntários do Corpo da Paz na África.

O estado do corpo do indivíduo não é uma limitação. Pessoas com graves deficiências físicas transformaram-se em atletas de renome; outras aprenderam a usar a mente para serem bem-sucedidas nos negócios, na política ou na educação (meu excelente professor de Shakespeare na faculdade era cego); membros amputados podem ser substituídos por próteses; e pessoas habitualmente fracas chegaram a levantar veículos diante da pressão que sentiam para livrar vítimas de acidente.

A pobreza não é uma limitação. Andrew Carnegie começou paupérrimo, e o mesmo aconteceu com inúmeras outras pessoas freqüentemente mencionadas nos livros de auto-ajuda.

Fazer parte de uma minoria étnica não é uma limitação.

Embora ainda existam direitos civis e oportunidades a serem adquiridos, os negros, os chicanos e outros mostraram que podem ser bem-sucedidos em todas as áreas que conheço.

Ser mulher não é uma limitação. Existem, também neste caso, preconceitos a serem superados e direitos a serem conquistados para as mulheres como um todo, mas elas também demonstraram sua capacidade de terem êxito em qualquer atividade.

Ser ex-presidiário não é uma limitação. Apesar do preconceito social, muitos ex-presidiários conseguiram tornar-se advogados, escritores famosos e empresários bem-sucedidos.

Apresentei estes poucos exemplos para enfatizar o fato que, não importa quais as limitações que você possa julgar ter, elas só são limitações porque você assim as considera. E enquanto continuar pensando que elas o estão impedindo de fazer o que você deseja realizar, é exatamente isto que elas farão. Se você quiser se libertar da armadilha, não pense nelas como limitações e, sim, como condições ou fatores que você precisa levar em consideração na sua estratégia para atingir o êxito na sua vida. O que uma outra pessoa pode fazer, você também pode. Talvez você não esteja interessado em fazê-lo com a mesma intensidade, mas você certamente é capaz de realizá-lo no grau que quiser. Se encaradas como condições com as quais você tem que lidar, as limitações deixam de ser barreiras no seu caminho de vida para se tornarem, em vez disso, condições do percurso. Rochosas, escorregadias, sinuosas ou íngremes, elas determinam apenas o que você terá que fazer para chegar ao fim; elas não o impedem de chegar lá. Você mesmo é quem cria os obstáculos ao se sentar e ficar reclamando das condições do percurso em vez de simplesmente avançar. E você tem o potencial para suavizá-lo.

Mude suas Opiniões e Escolha suas Experiências

Essas palavras exprimem o objetivo deste capítulo: fazer você perceber que é o senhor do seu destino individual. A vivência reflete a crença, e você tem o poder de mudar quaisquer crenças ou opiniões que sejam ineficazes para lhe proporcionar a experiência que você deseja.

Veja bem, não estou prometendo resultados instantâneos. Algumas vezes isso até pode acontecer, mas não é a norma. A razão para tanto está relacionada com o que denomino de "impulso da vivência." Esta é uma frase elegante para dizer que as vivências que criamos a partir dos nossos pensamentos tendem a prosseguir por algum tempo, mesmo depois de termos alterado o nosso modo de pensar. Uma outra maneira de dizer isto é que muitas vezes temos de conviver durante algum tempo com os frutos das nossas opiniões passadas. O tempo em que seu efeito perdura depende do período durante o qual alimentamos essas opiniões, de quanta emoção esteve envolvida no processo, de quão completamente as mudamos e de quanta emoção ou desejo investimos nas novas. Quero que você fique ciente destes fatos para não se desencorajar antes de alcançar os resultados. Mudar as opiniões realmente altera a experiência, mas em muitos casos você vai precisar de paciência e persistência para levar adiante o processo. Acredite-me, as recompensas valem o esforço. Viver com sucesso é uma habilidade, e como qualquer habilidade, é preciso prática para ser dominada.

Capítulo 2

O Recurso da Imaginação

Dentre todos os recursos usados na criação de imagens mentais, o mais importante é a própria imaginação. Os outros também são importantes, mas não existe nenhuma dúvida de que este é o número um. A imaginação é assim importante porque governa quase que totalmente a maneira como você se sente e se comporta. Quase tudo o que você aprendeu ou vivenciou foi precedido pela imaginação, de uma forma ou outra. Até mesmo quando bebê, embora talvez não se lembre, você aprendeu a engatinhar, a andar e a correr imaginando primeiro o que estava fazendo para depois executar os movimentos.

A Imaginação Espontânea e a Voluntária

Se você se acostumou a considerar que sua atividade mental é de um certo jeito poderá ficar surpreso ao saber que é possuidor de muitos tipos de imaginação. Dois deles são a imaginação espontânea e a imaginação voluntária. Eles são diferentes porque têm origem em partes ou aspectos diferentes da sua mente, o que irei detalhar em outro capítulo. Por enquanto, vamos chamá-los de subconsciente e consciente.

A imaginação espontânea é produzida pelo subconsciente e é formada a partir da memória e do que recebemos telepaticamente. Sua principal característica é que ela parece surgir por si mesma, ou pelo menos parecem ser espontâneos os detalhes do conteúdo. Você pode decidir conscientemente retomar uma recordação, mas o conteúdo da mesma é uma produção subconsciente.Você pode até mesmo decidir receber conscientemente as mensagens telepáticas, mas o conteúdo das mesmas é espontaneamente oferecido pelo subconsciente. Quando digo mensagem telepática recebida, não estou apenas me referindo à comunicação mental com outras pessoas, mas também com outras partes de você mesmo, inclusive o seu corpo. De qualquer modo, a imaginação espontânea é em grande extensão governada pelas opiniões que você nutre a respeito de si mesmo e da vida, e também pelos seus hábitos subseqüentes de pensamento. Pode ser criativo, mas trata-se do tipo de criatividade que combina elementos já existentes. Pode criar novas combinações, mas não novos conceitos.

A imaginação voluntária significa exatamente o que o seu nome quer dizer. É a imaginação construída por um ato deliberado da vontade. Repare que isto não é a mesma coisa que desejar que uma recordação apareça, ou desejar captar conscientemente dados telepáticos. O que acontece aqui é o processo de estipular o conteúdo da imaginação, ou seja, de decidir de forma consciente qual vai ser esse conteúdo. A diferença entre a imaginação espontânea e a voluntária é análoga à diferença entre ter uma recordação e construir um devaneio a respeito de uma maravilhosa experiência que nunca aconteceu e que é altamente improvável. É através da imaginação voluntária que desenvolvemos novos conceitos e atraímos novas vivências. Uma das coisas que faz com que os seres humanos sejam diferentes dos animais é o fato de podermos imaginar o que não existe. É claro que, dependendo do conteúdo, isto pode ser um fardo ou uma aventura.

Na maioria dos casos em que a imaginação usa a vontade, existe um certo grau de imaginação espontânea que atua no sentido de "preencher os detalhes" das imagens. E a imaginação espontânea "pura" pode ser modificada ou manipulada acrescentando-se a imaginação voluntária. Tudo isso terá aplicações bastante práticas, como veremos em outras partes do livro. Apresento abaixo um experimento que você poderá executar para demonstrar a imaginação espontânea e a voluntária.

Experimento: Imagine a cena numa pequena aldeia. Ela tem uma rua principal e um edificio mais alto que os outros, no final dessa rua. Faça isto agora, antes de continuar a ler. Leve de trinta segundos a um minuto para criar uma imagem mental clara dessa cena.

Muito bem, qual foi o tipo de cena que você visualizou? Os prédios eram de colmo, tijolo cru, madeira ou de que material? A rua era pavimentada ou de terra? Havia pessoas na rua? Que tipo de edificio estava no final da rua? A aldeia era na Índia, na América do Sul, na Europa ou em outro lugar? Era a recordação de uma aldeia de verdade que você já visitou ou da qual viu uma fotografia, ou era aparentemente nova? Essa experiência se propõe a mostrar que todos os detalhes da imagem foram produzidos pela imaginação espontânea do subconsciente, mesmo que se trate de uma recordação verídica. Com toda probabilidade, a aldeia surgiu rapidamente na tela mental, "pronta" por assim dizer. É extremamente provável que você não tenha tido que inserir de forma deliberada nenhum dos elementos, o que demonstra a sua espontaneidade. Agora, contudo, eu gostaria que você usasse a sua vontade consciente e se visse caminhando pela rua com um amigo, observando os arredores. Se você efetivamente já caminhou com um amigo por essa rua, imagine então que agora está com outro amigo e faça coisas diferentes. Passe alguns momentos fazendo isto.

O que você acabou de fazer foi impor sua imaginação voluntária à cena da imaginação espontânea. Você já pode ter feito algo parecido anteriormente nos seus devaneios, mas eu quero que você se conscientize deste processo *como uma técnica* porque ela poderá ser-lhe bastante útil quando você tentar criar sua própria realidade num nível consciente.

A Imaginação por Imagens e a Imaginação por Mímica

Experimento: Imagine um pacote que meça aproximadamente 15 cm^2, amarrado com uma fita vermelha. Imagine-se abrindo o pacote e encontrando dentro uma pulseira sobre um pouco de algodão. Imagine agora que a está colocando no pulso (se você for homem, veja uma pulseira pesada e masculina, se o desejar). Muito bem, pare. Imagine agora o mesmo embrulho no seu colo físico, real, como se fosse uma realidade tridimensional. Imagine suas verdadeiras mãos abrindo-o diante de você, retirando a pulseira e colocando-a no seu verdadeiro pulso. Pare agora. Você consegue perceber a diferença?

Se você é como a maioria das pessoas, a primeira imagem foi como um quadro projetado numa tela de cinema, e você provavelmente se viu como uma outra pessoa abrindo o pacote e retirando a pulseira. Mas a segunda imagem foi provavelmente mais realista e a experiência mais vívida. Isto se deve ao fato de ela ter sido imaginada como parte do seu ambiente físico imediato, e foi bem diferente da primeira quanto à qualidade da vivência. Esse tipo de imaginação também exerce sobre você um maior efeito fisiológico. Se eu lhe tivesse pedido para imaginar uma aranha dentro do pacote, na primeira imagem você provavelmente teria sido capaz de fazê-lo sem ter uma reação muito intensa. Mas, no caso do segundo tipo de imaginação, é extremamente provável que suas glândulas supra-renais tivessem lançado um pouco de adrenalina no sangue, totalmente à sua revelia.

O que estou querendo mostrar é que você possui mais dois tipos diferentes de imaginação, cada um com suas características e usos particulares. Seu corpo responde muito mais ao segundo tipo. Era esse mesmo tipo de imaginação que estava atuando naquela vez que você ficou sozinho no escuro e imaginou que tinha alguém ou alguma coisa "ali", prestes a se atirar sobre você. Uma vez que essa imaginação lembra a que é invocada por um mímico durante uma apresentação no palco (mímico é aquele sujeito de rosto todo pintado de branco que finge tão bem estar descendo uma escada que a gente quase consegue ver a escada), vamos chamá-la de "imaginação por mímica". O primeiro tipo será chamado de "imaginação por imagens".

A imaginação por imagens é boa para avivar lembranças, para a brincadeira mental criativa (que algumas pessoas chamam de devaneio), para desenvolver novas idéias, para elaborar projetos, e para vários tipos de meditação. Ela é um instrumento excelente para todas essas coisas.

A imaginação por mímica, por outro lado, é melhor para aprimorar sua personalidade e suas habilidades, seus relacionamentos e seu ambiente, bem como sua saúde. Muitos atletas usam a imaginação por mímica para preparar suas mentes e realizar um treinamento prévio em seus corpos tendo em vista eventos esportivos que se aproximam. Os bons atores usam-na para criar personagens convincentes, e alguns políticos e empresários inspirados empregam-na para se preparar para reuniões e palestras. Ajudei certa vez dois jovens a se tornarem campeões de patinação treinando-os através da imaginação por mímica. Não apenas ajudei-os a preparar a mente e treinar antecipadamente o corpo para patinarem com perfeição, como também acho que os ajudei ainda mais orientando-os em cada etapa do processo de chegar à vitória. O treinamento lhes proporcionou a confiança e a expectativa positiva que os colocou de forma infalível no caminho do sucesso.

A Imaginação Multissensorial

De um modo geral, quando as pessoas ouvem pela primeira vez a palavra imaginação, pensam em imagens visuais. Entretanto, o recurso completo da imaginação também abrange os sentidos do paladar, do tato, do olfato e da audição.

Experimento: Imagine que você está observando uma roseira logo depois de uma garoa. Você vê bem no alto uma grande rosa com as pétalas totalmente abertas. Imagine que estende a mão para pegar o caule e sente de leve a picada dos espinhos. Traga a rosa para perto do nariz e inspire profundamente o seu perfume. Imagine que há gotas de orvalho nas pétalas. Toque nelas com a língua e sinta o doce frescor da água. Solte agora a rosa e imagine que uma abelha se aproxima, pousando na flor, e que você pode ouvir o zunido das suas asas.

Como você certamente já percebeu, com o experimento acima todos os seus sentidos entram na cena imaginada. Quando você usa a imaginação dessa forma multissensorial, ela exerce um impacto muito maior em você, nos seus pensamentos, sentimentos e comportamento em particular. Isto se deve ao fato de o seu subconsciente não saber a diferença entre a experiência "real" e a imaginada. Ele reage tanto a uma como à outra no nível muscular, glandular, celular e mnemônico, especialmente quando mais de um sentido está envolvido. No início, isso pode parecer difícil de acreditar, mas o próximo experimento talvez consiga convencê-lo.

Experimento: Imagine-se numa nave espacial, dando voltas ao redor da Terra. Você está olhando para baixo através de uma vigia e pode ver os continentes e os oceanos, com vários tipos de formações de nuvens encobrindo partes deles. Você consegue ver áreas em marrom e verde, e sobre o oceano azul você descortina um anel rodopiante de nuvens que indica um furacão em formação. Tome consciência agora do vidro espesso da vigia e toque-o com o dedo. Você também tem consciência das almofadas do seu assento, do traje espacial que está usando e da sensação metálica dos controles em suas mãos. Existe um leve odor de ozônio no ar da espaçonave e você pode ouvir os instrumentos zumbindo e estalando. Você também sente a excitação de estar nessa aventura, tão distante da Terra. Fique um pouco de tempo nessa vivência e envolva-se realmente na situação. Conseguiu? Agora deixe que a experiência se vá de sua mente e passe um ou dois minutos prestando atenção no seu ambiente verdadeiro, observando por exemplo a mobília enquanto lê estas linhas. Lembre-se a seguir de algo que tenha acontecido no decorrer da semana passada. Talvez uma refeição que você tenha feito, alguém que encontrou, ou um lugar que tenha visitado. Deixe que a recordação desapareça e pense na experiência da espaçonave. Não tente reconstruí-la; lembre-se apenas dela como fez com o acontecimento da semana anterior. Abandone outra vez esta imagem e pense novamente no evento da semana passada. Agora, mais uma vez, na espaçonave. Você já deve estar começando a perceber que – *na qualidade de lembranças* – não existe realmente qualquer diferença entre as duas. Uma talvez possa estar mais vívida na sua mente do que a outra, mas sob o aspecto da qualidade, ambas são idênticas. O exercício da espaçonave está agora indelevelmente registrado no seu banco de memória e você pode recordá-lo quando quiser, tal como pode fazer com qualquer outro acontecimento de sua vida. No que diz respeito ao seu subconsciente, você viajou numa nave espacial, e isto agora faz parte da sua experiência de vida. Aliás, é até provável que o seu subconsciente a considere mais "real" do que muitas outras experiências às quais você mal prestou atenção.

Exercícios

Uma vez que a imaginação é um dos recursos mais importantes empregados na criação da sua realidade, ser-lhe-á vantajoso desenvolvê-la. Todo mundo possui imaginação, do mesmo modo como todos possuem músculos. Ambos podem ser desenvolvidos e empregados mais habilidosamente, de modo que apresento a seguir alguns exercícios de imaginação para você experimentar.

Exercício 1: Num espaço vazio à sua frente, no chão, na terra, ou numa mesa, crie a imagem de uma corda grossa de aproximadamente 90 cm de comprimento com um nó simples no meio. Forme uma imagem completa, tridimensional, como se ela estivesse de fato à sua frente. Agora, com sua imaginação, estique o braço e toque a corda, sentindo bem o seu peso, sua textura. Depois, com suas mãos imaginárias, desfaça o nó. Preste atenção para ver e sentir claramente todo o processo. Se isso lhe parecer fácil, é porque você já tem uma imaginação por mímica bem desenvolvida e talvez queira tentar um tipo de nó mais complicado. Se você tiver problemas com o exercício, não se desespere. É por isso que você o está fazendo. Basta insistir até ele se tornar fácil. Se você de fato estiver tendo muita dificuldade em ver claramente o nó, pegue um pedaço real de corda e dê um nó nele para ter uma referência física, e depois volte para a corda imaginária.

Exercício 2: Para constatar como o seu corpo responde bem à sua imaginação, experimente fazer este exercício pela manhã logo depois de acordar, enquanto seus músculos ainda estão um pouco enrijecidos pelo sono. Em primeiro lugar, fique em pé com os joelhos esticados e dobre-se para a frente, tentando tocar os dedos dos pés. Se conseguir fazê-lo com facilidade, tente encostar os nós dos dedos no chão. Se isto também for muito fácil, tente colocar as palmas das mãos abertas no chão. Se puder fazer tudo isso logo ao acordar, passe para o exercício seguinte. De qualquer modo, se você ainda estiver comigo, faça esta primeira tentativa sem se esforçar demais, reparando até onde suas mãos conseguem ir sem sentir dor nas pernas. Agora, endireite o corpo e imagine que você está efetivamente se curvando e tocando os dedos dos pés (ou ainda mais longe), repetindo mentalmente o exercício três vezes. Agora abaixe-se de novo fisicamente. Desta feita, suas mãos deverão ir mais longe sem esforço, talvez até alcançando longe no chão. Use mais uma vez a imaginação caso deseje melhorar mais um pouco seu desempenho físico.

Exercício 3: Em casa, no trabalho, ou onde quer que você possa ter alguns momentos livres, experimente "acrescentar" coisas ao ambiente. Em outras palavras, use a imaginação por mímica para criar algo que não está fisicamente presente, e divirta-se com isto. Eis algumas idéias para ajudá-lo a começar:

– coloque chifres na cabeça de alguém.
– coloque um urso numa árvore.

- coloque flores em filodendros.
- ponha barbatanas nos carros e enfeites nas suas capotas.
- (e quando achar que o exercício está ficando muito fácil) mude a roupa das pessoas.

Exercício 4: Também é importante desenvolver a imaginação por imagens, e este exercício lhe será útil nesse sentido. Você pode fazê-lo com os olhos abertos ou fechados enquanto fita uma região em branco, como uma parede. Imagine uma árvore num campo, e acrescente tantos detalhes quantos desejar. Tão logo a imagem fique boa e nítida, comece a fazer mudanças. Faça um galho cair da árvore colocando-o depois em outro lugar. Mude a cor das folhas, faça a grama crescer e acrescente ou elimine flores. Se não houver pessoas ou animais na cena, coloque-os. Se houver, retire-os. Não importa o que você faça, fique praticando até conseguir mudar à vontade os elementos da imagem. É espantoso que existam tantas pessoas com dificuldade para efetuar essas mudanças. Isto só acontece porque elas não estão acostumadas a controlar conscientemente suas imagens mentais. Esse exercício será bom para elas.

Exercício 5: De vez em quando encontro pessoas dizendo que não pensam por meio de imagens e que não conseguem visualizar as coisas nem na mente, nem fora dela, mas nunca houve um caso em que eu não tenha conseguido ensinar como fazê-lo. Afirmo, portanto, que todos são capazes disso, mas que por diversas razões algumas pessoas simplesmente desenvolveram o hábito de não fazê-lo. Para quem deseja começar, tenho tido meus maiores êxitos pedindo-lhes que iniciem recordando os seus sonhos. A seguir, passamos a lembrar e descrever as experiências da infância detalhando-as em cores. Depois entramos na projeção com olhos abertos de imagens agradáveis sobre uma parede branca, até que se tornem capazes de começar a fazer os quatro exercícios acima descritos. Se este for o seu caso, você poderá desenvolver o seu próprio programa seguindo este roteiro.

Capítulo 3

O Recurso da Motivação

Emotivação é o nome que dei à habilidade de dirigir conscientemente nossas emoções. Repare que eu não disse controlá-las ou reprimi-las; qualquer uma destas duas ações sempre causará problemas. Você *dirige* suas emoções quando é capaz de liberar inofensivamente emoções indesejáveis e escolher as que quer sentir, no momento em que deseja senti-las. Você encontrará alguns exercícios práticos no final deste capítulo que o ajudarão a aprender a fazer isto, mas primeiro quero apresentar-lhe algumas coisas a respeito das emoções que talvez sejam novas para você.

Movimentos e Mensagens

As emoções são movimentos de energia através do corpo. Poderíamos chamá-la de energia vital ou energia biológica, mas o que realmente importa é que são fluxos de energia como qualquer outro. Isto é facilmente demonstrável pelo fato de as emoções fortes serem sempre acompanhadas por sensações de calor e por uma elevação da temperatura. O que está acontecendo é apenas que parte da energia emocional está sendo convertida em calor, o que está de acordo com as antigas e respeitadas leis da física. Aliás, parte dela também se transforma em eletricidade, mas isto não nos interessa neste caso. No que diz respeito ao calor, quero apenas que você compreenda que quando alguém diz que está "fervendo de raiva" ou se sentindo "calorosamente afetuoso" não está usando metáforas sem sentido.

Não obstante, as emoções são mais do que apenas um movimento de energia. O que as diferencia das meras sensações de fluxo de energia que todos experimentamos de tempos em tempos é que elas também contêm mensagens, que poderiam ser comparadas às mensagens transmitidas pela energia do rádio ou das linhas telefônicas. Os nomes que damos às emoções – medo, raiva, ciúme, alegria, ou afeição – são descrições do conteúdo de sua mensagem. *O sentimento em si é apenas excitação.* E rotulamos essa excitação de acordo com as idéias que viajam com ela.

De onde vêm as mensagens? As idéias e as imagens estão ou armazenadas nas células do corpo como memória, ou são geradas por você naquele momento, como uma reação a outras idéias ou a circunstâncias externas. O que as desencadeia? As idéias, imagens, posturas, movimentos, ações, ou emoções, suas e das outras pessoas, são os elementos propulsores.

Emoções e Tensão

A conexão entre a nossa mente, os nossos sentimentos e o nosso corpo é tão evidente que você não deve, de modo algum, ficar surpreso quando digo que as emoções estão intimamente ligadas à tensão muscular. Em outras palavras, seus músculos estão de alguma maneira envolvidos sempre que você sente qualquer tipo de emoção. De um modo geral, as chamadas emoções "negativas", como a raiva e o medo, são acompanhadas por um aumento de tensão, enquanto que as emoções "positivas", como a alegria e o afeto, são seguidas de uma descontração. Existem algumas aparentes exceções a esta última afirmação, que mencionarei mais tarde. De qualquer modo, no que diz respeito às emoções, o que parece acontecer é que uma imagem ou uma idéia na mente gera impulsos nervosos que fazem com que os músculos se contraiam ou relaxem. Essas reações musculares criam por sua vez distúrbios ondulatórios no fluxo natural de energia do corpo – o que chamamos de emoções – pelo menos sempre que elas intensificam as mesmas idéias e imagens ou que evocam outras. As emoções não estão em geral envolvidas, por exemplo, quando você tem a idéia da sede e contrai seus músculos para alcançar um copo d'água. Mas as emoções podem estar envolvidas se você tiver a idéia da sede e contrair seus músculos para alcançar um copo d'água que alguém está tentando tirar de você. Vamos fazer agora dois experimentos para que você perceba a relação entre tensão muscular e emoções.

Experimento 1: Sente-se confortavelmente numa cadeira, feche os olhos e contraia todos os músculos do corpo enquanto conta até 15. Agora, relaxe de uma só vez todos os músculos, mantenha os olhos fechados e perceba as sensações no seu corpo. Se você realmente prestar atenção, deverá sentir um calor se alastrando, uma sensação de formigamento, uma sensação de movimento através dos membros, ou até todas as três. Isto serve para lhe mostrar que a tensão muscular afeta o fluxo de energia do seu corpo. Se você conseguir imaginá-lo como uma mangueira através da qual a água está fluindo, o que você acaba de fazer equivale a dobrar a mangueira e depois soltá-la. O que acontece com a mangueira é que a água fica presa por um momento e depois se lança para a frente num jato, antes de se nivelar novamente. Algo bastante semelhante aconteceu com o seu corpo.

Experimento 2: Sente-se numa cadeira confortável e relaxe conscientemente todos os músculos do corpo, da melhor maneira que puder. Você não precisa utilizar um procedimento elaborado. Basta dizer para si mesmo que deseja relaxar todos os seus músculos e então deixe que eles mesmos o façam. Depois, *sem permitir que nenhum dos seus músculos fique tenso*, tente gerar qualquer tipo forte de emoção. Você pode até usar imagens se o desejar, desde que não tensione seus músculos. Tente raiva, medo, entusiasmo, o que quiser, mas sem tensão. Veja só! Se você realmente foi capaz de impedir que seus músculos se contraíssem, terá descoberto que é *impossível* ter uma emoção forte enquanto está fisicamente relaxado. Você não pode sequer ficar deprimido se seus músculos estiverem mesmo relaxados. Este é um conhecimento tremendamente importante porque lhe fornece a chave para o domínio dos pensamentos e dos sentimentos.

Tensão e Descontração

Eu disse acima que existem algumas aparentes exceções no caso do relacionamento entre a tensão muscular e os tipos de emoções que você experimenta, e eu gostaria de explicar isto agora. Em primeiro lugar, peço que compreenda que a tensão muscular em si mesma não lhe é prejudicial. Sem ela, você não seria capaz de executar qualquer atividade física. Você não conseguiria nem mesmo ficar em pé, sentar, ou sorrir. Além disso, como você talvez tenha percebido com o último experimento, mesmo as emoções mais agradáveis também requerem uma certa dose de tensão. É esta que torna possíveis as emoções agradáveis, mas o que as torna aprazíveis é o fato de a tensão ser acompanhada pela descontração. Durante uma emoção agradável, alguns músculos se contraem enquanto outros relaxam e, em pouco tempo, os músculos que estão tensos se soltam enquanto outros se contraem antes de se descontrair novamente. Parece haver muita tensão envolvida num estado de intenso entusiasmo, por exemplo, mas o que está acontecendo de fato é uma grande quantidade de tensão e descontração simultâneas. Em resumo, a sensação de prazer está relacionada com a descarga da tensão.

Emoções Desagradáveis

As emoções desagradáveis estão relacionadas com uma tensão aguda (extrema) ou crônica (contínua). Se a tensão for suficientemente elevada, você também poderá sentir dor, porque esta é causada pela tensão extrema, não descarregada.

De qualquer modo, o que acontece com freqüência durante uma emoção como a raiva é que, enquanto ela está em andamento e os músculos se contraem, a pessoa pode chegar à conclusão de que essa emoção é nociva, talvez perigosa, é extremamente desagradável para continuar sentindo-a, e que deve ser interrompida de algum modo. E assim, em vez de descarregá-la de alguma maneira, a pessoa pode tentar detêla, convocando outro grupo de músculos para combatê-la e mantê-la no lugar. A pessoa forma então um nó muscular e o conserva ali, esforçando-se o mais possível para esquecer a emoção. Mas o corpo não esqueceu. Ele não pode fazê-lo porque a mensagem emocional ainda está presa naquele nó muscular *e as mensagens emocionais não se dissipam enquanto não forem transmitidas.* A mensagem é transmitida quando você toma conhecimento dela e permite que ela se manifeste. Se você interrompe a mensagem suprimindo-a, ela simplesmente permanecerá nos seus músculos até ser liberada. Voltando à pessoa hipotética de quem eu estava falando, na próxima vez em que alguma coisa a deixar zangada ela provavelmente irá reagir da mesma maneira, de modo que seus músculos ficam um pouco mais tensos, a mensagem é suprimida, e uma quantidade maior de energia fica retida. Esse é o início da tensão crônica. Quando esta é repentinamente liberada, toda a energia e as mensagens reprimidas transbordarão dando a impressão de que a liberação está produzindo as emoções. Este, porém, é apenas um efeito aparente e temporário, porque se a liberação continuar ocorrerá um agradável alívio. Se a tensão crônica ficar retida por muito tempo, poderá produzir sintomas físicos destrutivos ou uma desastrosa explosão emocional.

Fatores Externos nas Emoções

As emoções são geradas por idéias e imagens que existem na mente e que também provocam alterações na tensão muscular. Mas as idéias e imagens são amiúde influenciadas por eventos e circunstâncias exteriores. A influência mais óbvia decorre do comportamento das outras pessoas. Se a conduta de alguém o perturba emocionalmente, é porque esse alguém desperta na sua mente idéias e imagens que desencadeiam emoções. Há alguns minutos atrás, enquanto eu escrevia este capítulo, recebi um telefonema de um dos meus filhos mais novos que estava aborrecido porque seu irmão mais velho estava fazendo caretas para ele através da janela. Não foi o fato de o menino mais velho estar fazendo caretas que o aborreceu, porque em outras circunstâncias já o vi rir dessas momices. O que perturbou foi que, nesse caso, ele tinha a *idéia* de que o mais velho estava zombando dele. Por mais que você queira, não se justifica responsabilizar o comportamento do outro pelas suas reações emocionais. Suas próprias idéias e imagens são a causa mais direta, e não o comportamento de terceiros.

Uma influência menos óbvia decorre das emoções das outras pessoas, independentemente do comportamento que apresentem. Além das correntes de energia que fluem através do nosso corpo, cada um de nós está rodeado pelo que pode ser descrito como um "campo de energia". Esse campo contém muitas coisas, inclusive calor e radiação eletromagnética, substâncias químicas gasosas descarregadas por nossas células e respiração, e a mesma energia vital que corre através do nosso corpo. A natureza e o conteúdo desse campo se alteram de acordo com o nosso estado emocional, e também são influenciados por nossas idéias e imagens mentais. Além disso, esse campo é influenciado pelos campos das outras pessoas e pelas imagens e idéias delas. Para todos os fins práticos, podemos chamá-lo de "campo emocional", porque contém as mensagens de nossas imagens e idéias. Na verdade, "clima emocional" seria uma expressão melhor, uma vez que ela reflete com precisão nosso clima interior, que vai de tempestuoso a ameno.

Podemos sentir ou captar as emoções das outras pessoas através desse clima, seja qual for o seu comportamento, mesmo quando não podemos vê-las. É claro que algumas pessoas são muito mais sensíveis a esse campo emocional do que outras, do mesmo modo como algumas pessoas são mais sensíveis às condições atmosféricas, mas quase todo mundo pode sentir o clima "carregado" de uma sala na qual emoções fortes estão atuando, embora os presentes possam estar se esforçando para exibir uma fachada de cortesia. E muitas pessoas conseguem sentir o mesmo clima depois que todos os que a geraram já partiram. Além disso, quando estamos perto de alguém que está sentindo emoções fortes, estas podem despertar e intensificar na nossa mente idéias e imagens correlatas que desencadearão emoções semelhantes em nós. Muitas vezes, as pessoas ficam quase malucas tentando descobrir em si mesmas a causa de um repentino ataque de ansiedade, de tristeza, ou qualquer outra coisa, quando o fator responsável, na verdade, foi o estado emocional de um outro indivíduo. Já passei por isto no meu próprio escritório. Eu achava que tudo ia muito bem até que um funcionário emocionalmente perturbado começava a trabalhar na sala ao lado e, em poucos minutos, eu começava a ficar irritado sem nenhuma razão aparente. A distância não é muito importante nessas situações, como muitas mães de crianças pequenas podem confirmar. É possível sentir uma "empatia emocional" por uma pessoa que esteja bem distante de nós. Isso costuma acontecer mais entre parentes próximos, especialmente gêmeos e amigos íntimos, mas pode acontecer até mesmo entre conhecidos eventuais. Certa vez eu estava trabalhando tranqüilamente sozinho quando comecei a me sentir ansioso e senti uma vontade forte e repentina de examinar os empregos oferecidos no jornal. À primeira vista era uma coisa tola, mas o impulso era forte. Em meia hora um conhecido estava me telefonando para me dizer que perdera o emprego naquela manhã e que gostaria que eu o ajudasse a encontrar outro. O principal motivo pelo qual fui receptivo ao seu sentimento foi o fato de eu estar trabalhando num emprego novo e estar me sentindo inseguro na situação. O ponto importante a ser lembrado é que as emoções das outras pessoas não podem afetá-lo a não ser que você tenha uma idéia correspondente ou associada passando de alguma maneira pela sua cabeça. No final do capítulo, apresentarei uma técnica para que você possa se proteger de empatias indesejáveis.

Apenas como referência, existem algumas condições físicas que também podem afetar as emoções. A falta de determinadas vitaminas e sais minerais, particularmente as vitaminas B e o cálcio, podem contribuir para a sua instabilidade emocional, e suplementos vitamínicos serão proveitosos no caso. A carência vitamínica em si, contudo, foi antes de mais nada provavelmente ocasionada por um pensamento relacionado com o estresse. Nesse caso, você deveria fornecer um suplemento tanto para o seu pensamento como para o seu corpo. A ionização atmosférica é outro desses fatores, e o mesmo diz respeito à variação da gravidade solar e lunar. Este livro não se propõe a tratar desses dados, mas eles também só o afetam de acordo com as suas idéias conscientes e inconscientes a respeito de si mesmo e do seu mundo.

O Domínio Emocional

Após este breve resumo dos efeitos das emoções, é chegado o momento de voltarmos à emotivação. Como já disse no início do capítulo, *emotivação é a habilidade de dirigir conscientemente as emoções*, ao invés de permitir que elas determinem nossas atitudes. Descreverei agora algumas das técnicas mais comuns para alcançar esse objetivo.

A respiração profunda é provavelmente a técnica mais fundamental empregada no domínio das emoções. De um modo geral, quanto maior a agitação emocional da pessoa, mais rápida e superficial se torna a sua respiração. Esse fato é causado pelo acréscimo da tensão. A respiração lenta e profunda tende a combater a tensão e a nivelar o fluxo de energia, de modo que a agitação rapidamente desaparece. É importante que a respiração seja *lenta*; caso contrário, você poderá ficar tonto. Depois de se acalmar com a respiração profunda, você poderá tomar decisões mais claras a respeito de suas reações.

A sublimação é uma antiga técnica de apoio, ainda popular no movimento do potencial humano. Quer simplesmente dizer que podemos expressar nossas emoções desagradáveis ou indesejáveis de uma maneira socialmente aceitável. Dobrar um jornal e bater com ele numa mesa em vez de bater com ele na cabeça do chefe é um exemplo. Gritar a plenos pulmões, botar para fora os sentimentos quando estiver sozinho no carro (com as janelas levantadas, por favor!) também funciona bem. Outra alternativa excelente é datilografar sem piedade seus pensamentos e sentimentos numa máquina de escrever, descrevendo todos os detalhes. Quem sabe? Você poderá até escrever um *best seller*. Na sublimação, você não está tentando mudar as emoções. O que você está fazendo é usar idéias e imagens para influenciar suas ações e mudar os meios de expressão.

A reorientação ou transformação envolve o uso de idéias e imagens para transformar uma emoção em outra. Normalmente, quando uma idéia ou imagem desencadeia um fluxo emocional, a emoção tende a reforçar a idéia ou imagem, que por sua vez reestimula a emoção, alimentando assim o processo. Na reorientação, mudamos conscientemente a idéia ou imagem sem interromper o fluxo, de modo que apenas o conteúdo da mensagem é modificado. Uma amiga minha contou-me há pouco tempo como ela fez isto com o medo. Ela estava se envolvendo num novo projeto e se sentia bastante temerosa. Por estar familiarizada com a idéia de que as emoções são energia, transformou suas idéias e imagens de um possível fracasso em idéias e imagens de uma aventura no desconhecido, transmutando assim o medo numa entusiástica expectativa. Essa técnica funciona bem com emoções habituais, e que existem há muito tempo.

A indução emocional é uma forma de usar idéias e imagens para gerar uma emoção quando esta está aparentemente ausente. Digo "aparentemente" porque apatia ou tédio são, no fundo, reações de medo, e a depressão é uma forma de raiva reprimida. A indiferença, a procrastinação, a preguiça e coisas semelhantes podem servir de disfarces emocionais que nos impedem de fazer as coisas que queremos. Uma vez que são as idéias e as imagens que despertam as emoções, a indução emocional consiste em escolher deliberadamente idéias e imagens que possam produzir reações emocionais fortes e ativas, para depois executar a ação correspondente. Uma das emoções mais estimulantes é a raiva, e ela é algumas vezes um bom antídoto para a letargia emocional. Como alguém disse certa vez: um homem zangado pode fazer milagres. Isto porém diz respeito à raiva manifesta e, especificamente, à raiva justificada e orientada para corrigir injustiças. As idéias e as imagens que você emprega precisam incitá-lo a agir, e não simplesmente capturá-lo num torvelinho de sentimentos hostis. Uma vez que a ação tenha tido início, as idéias e imagens podem ser modificadas para reorientar a raiva transformando-a no entusiasmo de fazer o bem em vez de só corrigir injustiças. Uma alternativa para a raiva como indução emocional é a compaixão pelas outras pessoas. Já vi casos em que o tédio e a depressão desapareceram como por encanto quando o interesse de uma pessoa se voltou para ajudar os outros a resolver seus problemas. Entretanto, induzir emoções em nós mesmos não é fácil, e em geral é mais eficaz quando temos um amigo que nos ajuda a pôr em primeiro plano as novas imagens e idéias que se fizerem necessárias.

A observação emocional é uma técnica que requer prática, porque significa deixar as emoções fluírem sem reprimi-las e sem permitir que elas o levem a praticar uma ação indesejável ou ineficaz. Significa, em primeiro lugar, que você precisa reconhecer a verdadeira natureza das emoções: fluxos de energia que conduzem mensagens, e nada mais. Você tem que parar de se identificar com elas e estabelecer uma espécie de atitude desapegada do tipo "olhe só o que está acontecendo". Uma maneira proveitosa de começar é abandonar o hábito de dizer, por exemplo, "estou zangado", e adotar o hábito de dizer "estou sentindo raiva", que afinal é uma declaração mais verdadeira. Quando você for capaz de sentir as emoções sem se *identificar com* elas, poderá começar a prestar atenção no que elas estão dizendo. Ao observar os pensamentos que surgem na sua mente durante a emoção você pode descobrir as idéias e imagens nas quais ela se fundamenta. Quando a emoção chegar ao fim, você poderá então decidir mudar essas imagens e idéias.

Uma outra técnica que requer prática é o relaxamento muscular consciente. Ele exige que você aprenda a prestar atenção no seu corpo, especialmente no grau de tensão dos seus músculos. Com a prática, você pode ficar ao mesmo tempo consciente da tensão e do acúmulo da emoção. Aí então você pode relaxar conscientemente os músculos e permitir que a energia emocional se dissipe. Dessa maneira, você pode receber a mensagem sem a reação e, por este motivo, essa técnica funciona muito bem em combinação com a observação emocional. Você precisa compreender que a energia não desaparece. Ela apenas se espalha pelo corpo de forma pura, ficando disponível para ser reorientada.

Exercícios

Eis alguns exercícios práticos que irão ajudá-lo a treinar suas habilidades emotivacionais.

Exercício 1: Este é um exercício de respiração profunda que muitos de meus alunos consideram bastante eficiente. Você obterá seu benefício máximo se o fizer antes de se encontrar com outras pessoas, quando desejar permanecer calmo; logo depois de uma explosão emocional, quando você ainda estiver sentindo seus efeitos desagradáveis; e sempre que estiver sozinho, sentindo-se nervoso ou abalado.

Sente-se numa posição confortável e ponha as mãos no colo, com as palmas viradas para cima, ou com os dedos de ambas as mãos se tocando. Solte a respiração e faça o seguinte:

1. Inspire e repita "Solte-se, solte-se, solte-se, solte-se, solte-se."
2. Prenda a respiração enquanto diz mentalmente, "Solte-se, solte-se, solte-se, solte-se."
3. Expire dizendo "Relaxe, relaxe, relaxe, relaxe."
4. Prenda a respiração enquanto repete "Relaxe, relaxe, relaxe, relaxe."

5. Repita as etapas acima quatro vezes ao todo, executando-as *devagar*. Depois da última vez, respire naturalmente.

Às vezes, uso um grupo de palavras sem sentido que surtem efeito hilariante; se você não estiver muito transtornado, pode ser engraçado experimentar. O absurdo que nos faz rir é eficaz para liberar tensões, porque o riso é o melhor remédio, sempre.

Exercício 2: Este é um exercício para ajudá-lo a compreender o poder que as imagens têm para influenciar suas emoções. De início, relacione em colunas separadas as várias emoções, incluindo as que você considera negativas e as que julga serem positivas. Depois, ao lado de cada uma, descreva sucintamente uma cena ou incidente registrados na sua memória e que corresponda o mais possível à emoção em pauta. Para tornar o exercício mais fácil, liste as emoções positivas e as negativas em papéis separados. Vá agora para um local tranqüilo, escolha uma das emoções negativas, e deixe que sua imaginação por imagens se demore na cena ou incidente a ela associado até você perceber que está surgindo a emoção correspondente. Tão logo ela esteja a caminho, escolha uma das emoções positivas e mergulhe na cena ou incidente até que este sentimento comece a brotar. Faça a mesma coisa com as outras emoções e lembranças até passar por toda a lista, certificando-se de que a última seja positiva. Preste atenção, durante todo o processo, na maneira como as emoções respondem às imagens que você focaliza. Por meio desse tipo de experiência direta, você logo aprenderá como usar sua mente para orientar seus sentimentos. Escolha alguma de suas cenas ou incidentes favoritos, aqueles que evocam as emoções positivas mais fortes, e escreva-os num cartão especial que você poderá levar consigo e ao qual recorrer até que as emoções se tornem prontamente disponíveis. Depois, sempre que emoções negativas estiverem começando a tomar conta de você, lembre-se de uma dessas cenas ou incidentes e mergulhe nela até poder voltar atrás e lidar com a causa da emoção anterior. Use esse método como forma de purificar seu sistema energético, e não como um mecanismo de fuga para evitar os problemas que você tem que enfrentar.

Exercício 3: Este exercício simples destina-se a ajudá-lo a aprender a controlar indiretamente suas emoções através do relaxamento muscular. Coloque-se numa posição confortável e passe a contrair e relaxar cada músculo do seu corpo. Comece com a cabeça, contraindo e relaxando a testa, os olhos, as maçãs do rosto, a boca, etc., prosseguindo lenta e cuidadosamente até os dedos dos pés. Você não precisa contrair muito os músculos; apenas o suficiente para senti-los quando os soltar. Preste bastante atenção porque é através deste exercício que você irá saber qual a sensação de seus músculos quando estão contraídos e quando estão relaxados e, depois, qual a sensação de mudar de um estado para outro. Desse modo, você se tornará mais consciente daquilo que seus músculos estão fazendo no decurso de suas atividades cotidianas, em especial daquelas que envolvem o confronto com outras pessoas, e você será capaz de liberar uma tensão indesejada antes que ela tenha a oportunidade de se acumular. Também é uma boa idéia aprender a reparar no que você ou os outros estão dizendo ou fazendo, ou no que está acontecendo quando seus músculos ficam tensos. Isso lhe proporcionará uma indicação poderosa de quais idéias e imagens reativas você talvez queira mudar.

Exercício 4: Este último exercício de emotivação envolve a criação do que eu chamo de "escudo mental". Ele consiste, na verdade, do emprego da imaginação por mímica para criar um escudo de luz que o envolva por completo. Existem muitas variações possíveis para isto, mas recomendo-lhe que imagine um halo em cima de sua cabeça, e depois raios de luz agradavelmente coloridos, como raios de sol que se derramam das bordas do halo sobre todo o seu ser. Você pode usar qualquer cor que deseje, mas a maior parte das pessoas com quem trabalhei prefere dourado ou cor-de-rosa. Para tornar essa prática mais eficaz, faça o exercício 1 antes deste, nas primeiras vezes. Quando estiver no estado de relaxamento, imagine o escudo e diga algo assim: "Este escudo me protege de todas as influências indesejáveis; somente o que é bom para mim pode atravessá-lo." Depois disso, você só terá que inspirar profundamente, dizer a palavra "Escudo!" e imaginá-lo ali. O objetivo desse escudo mental é proporcionar-lhe uma proteção de emergência contra os efeitos dos campos emocionais das outras pessoas. Uma vez que as idéias e as imagens afetam as emoções e o comportamento, a idéia e a imagem desse escudo afetará suas reações físicas e emocionais, de modo que você se tornará menos suscetível às emoções dos outros. Depois de alguma prática, sugiro que você use o escudo sempre que for atingido por um repentino ataque de ansiedade incompreensível ou de alguma outra emoção indesejável, e até mesmo quando sentir uma dor repentina e inexplicável. Se essas sensações forem meros efeitos dos problemas de uma outra pessoa, elas diminuirão rapidamente ou desaparecerão. Se o escudo não funcionar depois de você ter praticado por algum tempo, você já sabe que terá de buscar a origem da sensação dentro de si. Se você ainda não estiver familiarizado com a proteção oferecida pelo escudo mental, creio que terá algumas surpresas agradáveis, especialmente ao lidar com pessoas que costumam causar-lhe alguma perturbação emocional.

Capítulo 4

O Recurso da Concentração

Concentração nada mais é do que atenção ininterrupta. Trata-se apenas de manter a mente fixa em alguma coisa, excluindo todas as outras. É um recurso com o qual você já está familiarizado por usá-lo em muitas atividades, como ao ler um livro interessante, ao assistir a um bom filme ou programa de televisão, ou ao ficar profundamente envolvido num passatempo ou projeto. Quando você concentra toda a sua atenção naquilo que está fazendo, é provável que se torne alheio a tudo o que estiver acontecendo à sua volta, inclusive às pessoas que o estão chamando para jantar. Seu interesse por algo é que determina o quanto você é capaz de se concentrar nele. A concentração e o interesse (ou você poderia chamar de motivação) caminham de mãos dadas. Eis portanto uma regra geral para a concentração: quanto mais você gostar de uma coisa ou estiver interessado nela, mais facilidade sentirá em se concentrar nela; quanto menos você gostar de uma coisa, mais difícil será concentrar-se nela.

As crianças têm um extraordinário poder de concentração. Se você duvida disto, experimente chamar um menino que está participando de um jogo estimulante para lhe dizer que está na hora de arrumar o quarto. A não ser que você use força física ou berre em seus ouvidos, pode ser praticamente impossível interromper sua concentração. É sério: a criança pode não estar ignorando conscientemente seu chamado. Ela apenas desligou-se de tudo o que possa ser menos interessante do que o jogo. Normalmente, quando dizemos que uma criança não é capaz de se concentrar, estamos querendo dizer que ela *não quer* se concentrar naquilo em que queremos que ela se concentre. Mas elas o fazem com perfeição quando o assunto é do seu interesse. Apenas em nome da ciência, depois de tentar em vão interromper a concentração do meu filho enquanto ele estava participando de um jogo, dirigi-me certa vez a uma das portas do quintal situada a dois aposentos de distância de onde meu filho estava. Com a voz numa altura normal eu disse à minha mulher, que estava do lado de fora: "Será que alguma das crianças gostaria de ganhar um dólar?" Imediatamente uma voz vinda da sala de jogos disse: "Eu quero!" Isto dá origem a um outro axioma: a concentração tende a se dirigir de forma automática para as áreas de maior preocupação ou interesse pessoal.

O que Dificulta a Concentração

A maioria das pessoas parece ter crescido com a idéia de que a concentração é algo muito difícil e que exige muito esforço para ser conseguida. Se eu lhe pedisse uma imagem de alguém profundamente concentrado, é bastante provável que você descrevesse alguém com a boca contraída e a testa franzida. A impressão seria a de alguém que se esforça para fazer algo que não quer fazer. Imagino que esse estereótipo venha de nosso tempo de escola, quando tínhamos que nos concentrar nos nossos estudos, deixando de lado as inúmeras outras coisas que teríamos preferido fazer. Entretanto, como já disse antes, você está concentrado sempre que sua atenção se dirige para uma só coisa, por mais do que alguns momentos. Talvez você queira me perguntar onde traçar a linha divisória entre a atenção simples e a atenção ininterrupta denominada concentração. Bem, a linha é bastante tênue mas, para que possamos ter um conceito claro com o qual possamos trabalhar, vou arbitrariamente definir concentração como a atenção dirigida para uma só coisa por mais de trinta segundos. Você acha isso muito fácil? Experimente então fazer o seguinte:

Experimento: Escolha uma fotografia de revista, ou outra imagem qualquer que você possa ter na parede, e dirija sua atenção para ela durante um minuto. Para que sua mente possa ficar no que você está fazendo, peça a um amigo que marque o tempo ou use você mesmo um cronômetro de cozinha. A seguir, escolha o menor objeto que conseguir achar na imagem e dedique-lhe toda a sua atenção durante um minuto, sem atentar mais para qualquer outro elemento do quadro e sem permitir pensamentos que não lhe digam respeito. O que você irá descobrir depois é que manter a atenção na imagem inteira foi relativamente fácil, mas que conservá-la num único objeto foi mais difícil. A partir disso, podemos deduzir outros axiomas a respeito da concentração: quanto maior o campo de foco (ou seja, quanto mais coisas existem para prender a atenção), mais fácil é a concentração; quanto menor o campo de foco (quer dizer, quanto menos coisas existirem para captar a atenção), mais difícil é a concentração. Você também pode ter percebido um outro axioma: quanto mais difícil você considera a concentração, mais difícil ela se torna.

A concentração, porém, representa um valioso recurso mental porque produz alguns efeitos curiosos que podemos usar de maneira prática. Três dos principais efeitos são descritos nas próximas seções.

O Efeito do Estado Alterado

O cérebro é um magnífico computador vivo, projetado para processar uma imensa quantidade de informações, oriundas de muitas fontes. Quando suas fontes habituais de informação sobre o mundo que nos rodeia são diminuídas através de um estreitamento da atenção que dura mais do que alguns momentos (concentração), ele pode mobilizar um outro modo de funcionamento. Quando isso acontece, mais informações são extraídas de um determinado foco de atenção do que normalmente aconteceria, ou então as informações são buscadas em fontes não habituais. Este modo ou forma diferente de funcionamento é chamado hoje em dia de "estado alterado de consciência", e inclui processos como o transe hipnótico, vários estados de meditação, e até mesmo o sono comum. O devaneio (sonhar acordado) também é um estado alterado, e algumas pessoas entram em estados alterados de consciência enquanto lêem ou assistem à televisão. Se você alguma vez já leu um livro e percebeu de repente que não tinha mais a menor idéia do conteúdo dos últimos parágrafos ou páginas, é porque experimentou pessoalmente esse estado.

No mundo inteiro, pessoas de diferentes épocas e culturas induziram conscientemente esse efeito a fim de experimentar por diversas razões várias formas de estados alterados, inclusive de saúde. Todas as técnicas giram em torno de manter um foco estreito de atenção até que o cérebro "mude de marcha", por assim dizer. As formas mais comuns de fazer isto são concentrar-se num único objeto físico (como uma flor ou um pedaço de cristal) ou desenhar (especialmente um padrão geométrico); concentrar-se numa imagem mental estática ou monótona ou concentrar-se em palavras ou ritmos musicais repetitivos.

A concentração, para ser o mais eficaz possível, precisa ser reduzida a tal ponto que você nem mesmo analisa aquilo em que está se concentrando – você apenas o "vivencia". É exatamente isso que você faz quando vai dormir. Você vai estreitando o alcance do seu foco consciente até seu cérebro entrar num outro nível de consciência. É esse mesmo efeito que está por trás da antiga prescrição de contar carneirinhos para conseguir dormir. A monótona regularidade dos carneiros saltando sobre a cerca faz com que o cérebro mude de marcha. Repetir a tabuada de multiplicação pode conseguir o mesmo resultado. O problema que afeta a maioria das pessoas que sofrem de insônia é que elas mantêm seu cérebro ocupado pensando de forma desordenada em uma porção de assuntos diferentes, analisando, julgando, avaliando, projetando, etc. A cura para isto é simplesmente manter a mente concentrada num único alvo, seja uma mancha na parede, uma imagem mental, ou uma composição musical como o "Bolero" de Ravel. Entretanto, embora o sono seja sem dúvida terapêutico, muitos benefícios para a saúde podem ser alcançados enquanto duram determinados tipos de estados alterados de consciência nos quais você permanece desperto.

O Efeito do Fluxo Informativo

Eis aqui um outro axioma: a concentração numa dada idéia ou imagem tende a estimular idéias, imagens ou introvisões correspondentes. Neste contexto, digamos então que uma introvisão é uma idéia ou imagem que lhe fornece uma informação na qual você não havia pensado antes.

Para obter esse efeito, sua concentração precisa ser um pouco menos restrita do que a necessária para o efeito do estado alterado. A técnica consiste em manter a idéia ou a imagem na mente, permitindo ao mesmo tempo que pensamentos a respeito dela penetrem no âmbito da percepção consciente. Os cientistas criativos, os inventores, os escritores e os artistas usam-na bastante. Ela foi muito popular durante algum tempo no mundo dos negócios sob o nome de *brainstorming*, um processo através do qual um problema era apresentado e os membros de um grupo sugeriam soluções o mais rápido que pudessem sem se importar se seriam ou não tolas ou malucas. O princípio era que quanto maior fosse o número de idéias que pudessem fluir sem restrição, maior seria a probabilidade de que algumas fossem exeqüíveis, mesmo que não ortodoxas.

O efeito do fluxo informativo é bom para a inspiração criativa e para a resolução de problemas, mas isso não é tudo. Ele também é adequado para alcançarmos um maior entendimento daquilo em que estamos nos concentrando. Esta era antigamente a modalidade fundamental da investigação científica e filosófica da natureza, e tinha a vantagem de não impor a destruição da vida para que ela pudesse ser estudada. Trata-se, de certa maneira, de uma "arte perdida" hoje em dia, praticada apenas por muito poucas pessoas, embora ainda esteja disponível para todas. O melhor exemplo que me ocorre de um uso atual desse efeito é o trabalho de Luther Burbank, o "Feiticeiro da Horticultura". Burbank foi citado no livro *The Secret Life of Plants** (Tompkins & Bird) dizendo que sua arte era basicamente "uma questão de concentração e de rápida eliminação dos elementos não essenciais". E ele produziu todas as suas maravilhas sem um laboratório.

O Efeito Reprodutor

Creio que esse efeito é o mais importante de todos, bem como o mais curioso, o mais comum e o mais difícil de acreditar quando ouvimos falar nele pela primeira vez. Baseia-se no seguinte axioma: a concentração numa dada idéia ou imagem tende a reproduzir o seu equivalente mais próximo na experiência física. Em outras palavras, os tipos de pensamentos que lhe são mais habituais determinam em grande parte a sua experiência de vida. Ou, em outras palavras, as circunstâncias nas quais você se encontra e os eventos nos quais se envolve são reflexos dos seus pensamentos mais persistentes. Quero deixar claro que não se trata de um caso de simbologia mística, e sim de um fato perfeitamente demonstrável. É bastante estranho que, embora este seja um dos ensinamentos mais antigos da humanidade, dificilmente alguém pareça levá-lo a sério. Se mais pessoas o fizessem, não estariam culpando seus pais, a sociedade, a televisão, Deus ou qualquer pessoa pela sua situação atual. A maneira como isso efetivamente funciona ainda é uma questão em aberto, embora existam várias teorias que vão da atração telepática à motivação inconscientemente induzida, mas vamos deixar as teorias de

---

* Nota da Trad.: Publicado em português com o título *A Vida Secreta das Plantas* pelo Círculo do Livro.

lado. O ponto principal é que ele funciona e que você pode comprová-lo pessoalmente na prática.

O tipo de concentração necessária é aquela na qual você retém forte e claramente uma idéia ou imagem na mente, sem analisá-la, mas sem deixar tampouco que ela o leve a um outro estado de consciência. Eu descobri que a imaginação por mímica funciona melhor neste caso porque ela tem a propriedade de nos manter concentrados e em pleno estado de vigília. A imaginação por imagens também pode ser usada, mas ela costuma levar mais tempo para produzir efeitos físicos e também tende a conduzir mais facilmente aos estados alterados ou ao fluxo de informações. A Parte II deste livro expõe maneiras específicas de usar esse efeito para a cura, mas agora fornecerei apenas alguns exemplos extraídos da minha própria experiência para mostrar-lhe o que pode ocorrer.

Numa certa ocasião, compareci a uma conferência num grande hotel, e quando saí me dei conta de que eu havia esquecido no hotel uma valiosa pasta. Quando voltei ao local, a pasta tinha desaparecido, de forma que pedi à administração do hotel que a procurasse. Telefonei no dia seguinte e disseram-me que haviam encontrado a pasta, mas ao chegar ao local constatei que não era a minha. Pedi-lhes que continuassem a procurar, mas eles não tinham muita esperança de encontrá-la, pois já tinham se passado dois dias. Nesse ponto, eu poderia simplesmente ter desistido, mas fiquei zangado e recusei-me a aceitar o fato aparente de que a mala estava perdida. Durante os dois dias que se seguiram, eu imaginei *vividamente* que a pasta estava de novo comigo e eliminei por completo todas as dúvidas de que eu a recuperaria. Telefonei novamente para o hotel e disseram-me que a haviam encontrado. Ela estava bem visível, num local que já havia sido verificado pela equipe do hotel e também por mim. Teria ela simplesmente se materializado do nada? É extremamente provável que não. Teria sido uma coincidência? Bem, meus alunos e eu podemos descrever um número tão grande de êxitos com este efeito que não podemos mais acreditar em coincidências.

É importante ressaltar que, dependendo em parte das circunstâncias e em parte das suas intenções, o efeito reprodutor geralmente traz *primeiro para* a sua experiência *o equivalente disponível mais próximo* da sua imagem. Este pode ser algo que se pareça com essa imagem, uma fotografia dela, alguém falando a respeito dela, ou a mesma coisa, porém como posse ou experiência de uma outra pessoa. Por exemplo, eu imaginei certa vez com tal nitidez dez mil dólares na minha mão que pude até sentir as notas. Dentro de poucos dias, encontrei-me numa situação em que tive de sacar do banco dez mil dólares em notas para uma organização para a qual eu estava trabalhando. Tive o dinheiro nas minhas mãos, mas ele não era meu. Numa outra ocasião, eu estava pensando nesse efeito e, sem qualquer pretensão, imaginei algo bem distante – um cravo azul – apenas para ver o que aconteceria. Quatro dias depois, minha mulher contou-me uma história a respeito de um homem que sempre dava cravos tingidos de azul no dia do aniversário da mulher para combinar com os olhos dela.

O período médio de gestação para que esse efeito aconteça parece ser de no mínimo três dias, embora muitas vezes ele ocorra mais depressa. O fato de a imagem ser reproduzida como parte da sua experiência e/ou bens pessoais depende bastante da intensidade das imagens formadas, da sua intenção de vê-las acontecer e da sua persistência. O Efeito Reprodutor da concentração é uma parte excepcionalmente valiosa do seu conjunto de recursos para a cura.

Exercícios

Os exercícios práticos que se seguem irão favorecer o seu treinamento nas várias formas de concentração.

Exercício 1: Num pedaço de papel branco, desenhe um círculo concêntrico ou uma espiral com cerca de sete voltas, com cerca de 2,5 a 5 cm de diâmetro. Não se incomode se não ficar perfeito. Enquanto estiver sentado confortavelmente e sozinho, segure o papel e apenas contemple a espiral durante mais ou menos cinco minutos (não é preciso usar um cronômetro). Se sentir vontade, pisque e baixe as pálpebras quase fechando-as. Quanto menos você pensar, melhor, mas não tente interromper à força os seus pensamentos. Deixe apenas que eles passem enquanto você mantém suavemente sua atenção na espiral. Depois de mais ou menos cinco minutos, feche os olhos e deixe sua mente vagar enquanto observa suas sensações visuais, sonoras e seus sentimentos. Abra os olhos quando sentir vontade.

Este exercício o colocará rapidamente num estado alterado de consciência no qual você poderá ter algumas experiências interessantes. Enquanto estiver contemplando a espiral, ela poderá parecer se movimentar e você poderá ter a impressão de ver movimentos ondulatórios e faiscantes através da sua superfície. Você também poderá captar movimentos repentinos com sua visão periférica, um formigamento ou entorpecimento e/ou uma enorme sensação de relaxamento em seu corpo. Poderá surgir também um som sibilante ou um retinir metálico. Quando você fechar os olhos, poderá ver luzes e formas coloridas e talvez vivenciar seqüências de acontecimentos como se estivesse sonhando. Seus sentidos não estão "pregando peças" em você. O que aconteceu é que você deslocou sua consciência e está percebendo elementos que em geral ignora. É claro que você pode ter uma experiência totalmente diferente da que eu acabo de descrever; talvez você não sinta coisa alguma, ou até mesmo adormeça. Se não sentir nada é porque precisa praticar mais. Se pegar no sono, é porque precisa descansar mais.

Exercício 2: Escolha para este exercício um "grande" tema, como a Vida, o Amor, o Dinheiro, a Amizade, o Sexo, a Felicidade, o Poder, a Saúde ou qualquer coisa que possa atraí-lo e que também possa interessar a outras pessoas. Relaxe numa posição confortável e pergunte a si mesmo. "O que é ______?" Deixe então seus pensamentos girarem em torno do tema durante cinco ou dez minutos. O que você está tentando alcançar é uma espécie de conversação interior, realçada, porém não substituída pelas imagens. Se a conversação interior parecer se esgotar, estimule-a com outras perguntas do tipo, "O que mais é?" ou "Por que eu penso dessa maneira a respeito dele?" e "O que as outras pessoas pensam a respeito dele e por quê?"

Esse é um verdadeiro teste de concentração porque, a não ser que você esteja acostumado a se concentrar por períodos determinados numa só idéia, com mente tão aberta quanto possível, o mais provável é você se dar conta de que sua mente rapidamente se distrai e começa a pensar em qualquer outra coisa, menos no tópico que você escolheu. Se isso acontecer, traga suavemente sua atenção de volta à idéia principal tão logo perceba que se afastou dela. Você pode considerar-se bem-sucedido neste exercício ao captar alguma nova percepção a respeito do tema em questão, ou ao se lembrar de algo importante e positivo a respeito dele que você tinha esquecido.

Exercício 3: Este exercício é usado para praticar a percepção consciente do Efeito Reprodutor da concentração. Tudo o que você tem a fazer é escolher um objeto relativamente incomum no qual irá se concentrar. Alguns exemplos poderiam ser uma nota de cem dólares, um Ford Modelo T, um dragão, um elefante branco, uma rosa azul, ou qualquer outra coisa. Ponha-se então numa posição confortável e, usando a imaginação por mímica, visualize esse objeto diante de você o mais claramente que puder e com o maior número de detalhes sensoriais possível durante cinco minutos completos. Você perceberá que é mais fácil sustentar a imagem se a visualizar em movimento (como o elefante caminhando) ou se a fizer "vibrar" (visualizando-a intensamente e, depois, deixando-a esmaecer algumas vezes seguidas). Se você se concentrou bem, esse objeto surgirá, *de alguma maneira*, no seu ambiente imediato. Sugiro que você aguarde pelo menos três dias, embora possa levar um pouco mais ou um pouco menos de tempo. Quando ele aparecer, você sentirá um maravilhoso choque de prazer e surpresa. Será a sua primeira demonstração convincente do poder da mente sobre a matéria.

Capítulo 5

O Recurso da Afirmação

"Afirmar" significa fazer uma declaração positiva e confiante. Considero-a um recurso mental porque requer vontade e uma decisão consciente, e também porque essas declarações representam idéias que afetam as emoções, o comportamento e a saúde. Embora você possa fazer declarações afirmativas para as outras pessoas ou a respeito delas, estou me referindo aqui àquelas que você faz para si ou a seu próprio respeito. Isso é algo que você faz o tempo todo, mas eu quero ajudá-lo a ficar mais consciente do fato, para que ele realmente se transforme num recurso em vez de ser um hábito semiconsciente.

Normalmente, pensamos nas declarações afirmativas em termos de palavras, mas nossa postura e nossos gestos também podem ser, de certa maneira, afirmações. Nas duas sessões seguintes, analisarei tanto as afirmações verbais quanto as relacionadas com a postura.

Afirmações Verbais

As idéias que sustentamos a nosso respeito ou acerca de vários aspectos da vida expressam-se amiúde através de nossos padrões de expressão verbal. Quando digo "padrão de expressão verbal" não estou me referindo à maneira como falamos, e sim às palavras ou frases habituais que usamos para descrever a nós mesmos e aos nossos sentimentos. Acontece freqüentemente que o uso dessas palavras tornou-se de tal forma um hábito que nem mesmo percebemos que as estamos dizendo. Já conversei com muitas pessoas que me asseguram que esse recurso é extremamente positivo, mesmo quando suas vidas estão numa total confusão. Mas, durante a conversa, elas costumam deixar escapar alguma coisa que contradiz sua positividade e revela por que estão passando por dificuldades. Quando chamo a atenção delas para o detalhe, elas em geral nem mesmo se lembram de ter pronunciado tais palavras. Não obstante, essas declarações "inconscientes" têm um efeito bem maior em suas vidas do que todas aquelas outras, positivas e cuidadosamente planejadas, precisamente porque são habituais. Se lhe pedirem que prestem atenção nessas declarações, elas poderão dizer algo do tipo, "Bem, eu não quis realmente dizer isso, foi só força de expressão. O que eu realmente acho é que..." Sinto muito, mas isto não tem nenhum fundamento. Todos nós temos a curiosa habilidade de controlar o que falamos para que possamos dizer coisas que pareçam boas, coisas nas quais "temos" de acreditar. Entretanto, elas talvez não correspondam em absoluto às idéias que estão efetivamente atuando dentro de nós. É por isso que são as palavras e frases espontâneas que usamos que revelam os nossos verdadeiros sentimentos e crenças. É a sua própria espontaneidade que as coloca na classe de hábitos funcionais.

Alguns de vocês talvez já estejam familiarizados com a idéia das afirmações, mas existe uma diferença entre as *afirmações efetivas* e as declarações agradáveis emitidas por acaso. Quero frisar que muitas afirmações normalmente recomendadas são ou excessivamente longas ou muito vagas. As afirmações longas e desconexas não exercem praticamente nenhum efeito sobre o comportamento, embora possam por algum tempo transmitir uma sensação de bem-estar. A parte subconsciente da sua mente, que está diretamente envolvida com seu estado de saúde, reage muito melhor a declarações curtas e objetivas. Eis aqui, por exemplo, uma típica afirmação bem-intencionada mas prolixa:

> O poder Curativo ilimitado e eterno do Universo está fluindo para todas as partes do meu corpo, inundando-me de Luz, de Paz e de Saúde. Sei que isso é verdade e aceito o abundante bem-estar e a vitalidade que ele produz e agradeço as generosas bênçãos de boa saúde dele resultantes.

Já vi declarações como esta que se estendem por páginas e páginas. Já uma declaração simples como "Meu corpo está se curando agora!", repetida várias vezes, alcançará resultados muito melhores, embora possa ser intelectualmente menos satisfatória.

Uma afirmação eficiente também precisa ser específica o suficiente para ter um significado claro para você. Se o significado for vago, os resultados também serão vagos. Há muitos anos atrás um homem chamado Emile Coué criou uma afirmação curta e bela que dizia o seguinte, "Todos os dias, de todas as maneiras, estou cada vez melhor." Essa afirmação só teria um efeito positivo se tivéssemos bem claro na mente o que "melhor" significa para nós. Ela é, contudo, basicamente uma boa frase, e você pode modificá-la para que se ajuste aos seus objetivos colocando palavras mais específicas no lugar de "cada vez melhor".

As afirmações funcionam melhor quando se propõem a mudar idéias que você tem a respeito de si mesmo ou da vida em geral. Afinal de contas, as idéias que você vem sustentando levaram-no até "onde você está". O truque é aprender a se surpreender sempre que estiver usando uma frase que possa produzir efeitos negativos. Se você se surpreender dizendo algo do tipo "Sempre fico doente nesta época do ano", pare e diga para si mesmo "Mude isso!" e substitua o elemento negativo por algo como "Sempre estou saudável", mesmo que o diga apenas para si mesmo.

Aliás, algumas tolices têm sido escritas a respeito das

afirmações, por exemplo: "Você não deve usar declarações negativas como 'Eu nunca fico doente' porque o seu subconsciente não escuta as negações". A idéia deste comentário é que o subconsciente só ouviria "Eu fico doente". Bem, quero lhe dizer que o seu subconsciente escuta tudo o que você diz. Não obstante, recomendo as declarações estritamente positivas porque é muito fácil que uma imagem de doença brote na sua mente quando você diz "Eu nunca fico doente". E seu subconsciente também vê todas as imagens que você produz.

Além de ser curta, clara, específica e positiva, uma boa afirmação também é aquela na qual você acredita, pelo menos um pouco. Se uma afirmação contrariar diretamente as suas crenças, será preciso um longo tempo para que ela comece a surtir efeitos positivos, se é que algum dia o fará. Por exemplo, se você estiver com uma doença grave, não lhe fará muito bem sair dizendo "Estou perfeitamente saudável" porque é bastante provável que essa declaração esteja distante demais de sua realidade atual para poder alterar sua condição. Sua mente subconsciente simplesmente não a aceitaria. Mas se você mudar as palavras para "*Posso* ficar perfeitamente bom", a afirmação se torna muito mais viável e, por conseguinte, mais eficaz. Por outro lado, se você já gozar de bastante saúde, a expressão "Posso ser perfeitamente saudável" talvez não tenha nenhum significado, a menos que você tenha uma idéia específica a respeito do que uma saúde perfeita significa para você. Uma maneira de contornar isso é dizer "Eu posso ser mais saudável ainda". De qualquer modo, a frase mágica em muitas afirmações é "EU POSSO". Enquanto você acreditar que lhe é *possível* ser ou fazer o que você quer, a declaração funcionará, desde que você tenha feito dela um padrão habitual de pensamento.

Os hábitos se formam pela repetição. Esta ocorre primeiro na mente, com imagens e idéias, e depois dá origem às emoções, à expressão verbal e ao comportamento habituais. Acontece que é um fato da natureza humana só sermos capazes de nos livrar de um hábito antigo substituindo-o por um novo. Mesmo que você pare de fumar, o que você fez foi substituir o hábito de fumar pelo de não fumar. As palavras e frases habituais são reforços constantes que ou limitam o pensamento e a ação ou permitem que eles se ampliem. O objetivo das afirmações é ajudá-lo a desenvolver de forma consciente o tipo de reforço habitual que você dá a si mesmo.

Exercício 1: Preste atenção, durante um dia inteiro, às palavras e frases autolimitadoras que as pessoas costumam usar com relação a si mesmas. Procure coisas do tipo "Não posso... Eu sempre... Eu nunca..." bem como as palavras que elas usam para se subestimar. Veja se você consegue estabelecer uma relação entre o que elas dizem a respeito de si mesmas e a maneira como suas vidas estão se desenrolando.

Exercício 2: Este exercício é um pouco mais difícil. Preste atenção, durante um dia inteiro, às suas próprias frases e palavras autolimitadoras, particularmente quando estiver falando a respeito das áreas da sua vida nas quais você possa ter mais dificuldade. Faça uma lista delas e observe como você pode estar reforçando exatamente as coisas de que não gosta.

Exercício 3: Preste atenção, em especial quando estiver se sentindo cansado ou doente, ao número de vezes em que você reforça o seu estado comentando-o com alguém. Pratique sentir-se da maneira como se sente sem comentar a esse respeito com ninguém, e afirmando, em vez disso, que está ou vai ficar melhor.

Exercício 4: Escolha a declaração mais negativa que você costuma fazer habitualmente a respeito de si mesmo ou da sua vida, transforme-a numa afirmação plausível, e use a imaginação, a emotivação e a concentração junto com a declaração, durante um mês inteiro, e observe se há algum resultado positivo.

Posturas Afirmativas

Você talvez já tenha ouvido a expressão "linguagem corporal". Ela se refere à maneira como usamos o nosso corpo de forma inconsciente para comunicar nossos sentimentos mais íntimos e nossas idéias a respeito de nós mesmos e do mundo. Tratarei deste assunto com mais detalhes na Parte II, mas quero mencionar agora que a postura é uma forma de comportamento. As idéias afetam o comportamento, e este pode influenciar e estimular as idéias. Quando falo em postura, estou incluindo os nossos gestos e todas as maneiras pelas quais posicionamos o nosso corpo diante das mais variadas circunstâncias. Ao mudar a nossa postura para uma maneira afirmativa, podemos reforçar idéias e emoções positivas.

Se você deseja reforçar idéias de vigor, afabilidade, saúde, vitalidade e autoconfiança, experimente ficar em pé e mover os braços e as pernas de várias maneiras que o ajudem a sentir mais essas qualidades. É claro que as idéias positivas exercerão um efeito automático sobre a sua postura. Vi há pouco tempo uma moça literalmente transformar-se enquanto fazia afirmações positivas a respeito de si mesma. Ela era bastante apresentável, mas se julgava muito mais sem graça do que de fato era. Durante determinado exercício, ela deveria repetir várias vezes: "Eu sou bonita." Antes de começar, seus ombros estavam curvados e ela dava a impressão de estar encolhida de medo. Depois de alguns instantes, enquanto fazia a declaração, ela inconscientemente endireitou os ombros, ergueu a cabeça, e começou a "brilhar". Parecia mágica, mas era apenas a sua reação corporal à afirmação.

Somente alterar a postura não resolve o problema como um todo. É um excelente reforço adicional, mas você não pode mudar as idéias simplesmente alterando a postura: com isso você se transformará num bom ator e nada mais. Não faz muito tempo, li a respeito de um famoso artista que todos consideravam uma pessoa sempre calma e senhora de si porque esta era a impressão que ele transmitia. Numa entrevista, porém, ele admitiu que quase sempre se sentia uma pilha de nervos e que havia adotado o tipo correto de postura para esconder esse fato.

Entretanto, quando usada em combinação com a expressão verbal afirmativa e a intenção positiva, a afirmação relacionada com a postura ajuda a instaurar novas idéias e hábitos com mais rapidez e de forma mais permanente.

Exercício 1: Olhe para sua imagem num espelho de corpo inteiro, de frente e de ambos os lados. Fique em pé normalmente. Você acha que sua postura transmite uma impressão de autoconfiança, de saúde e vitalidade? Ou você parece derrotado, medroso e fraco? Mude a sua postura para parecer heróico. O que você está sentindo? Pense nos motivos pelos quais está se sentindo assim. Eles podem revelar certas idéias a respeito de si mesmo que talvez você ainda não tenha enfrentado.

Exercício 2: Na próxima vez em que estiver com um grupo de pessoas, sejam amigos ou estranhos, preste atenção à maneira como você automaticamente coloca seus braços, mãos e pernas. Você acha que essas posturas são abertas ou defensivas? Experimente mudá-las para o oposto do que são. Como isto o faz se sentir? Pense a respeito das razões pelas quais você assume essas posturas e compreenda que elas podem estar dizendo alguma coisa sobre seus sentimentos em relação às outras pessoas.

Exercício 3: Escolha uma qualidade que você deseja cultivar. A autoconfiança é muito boa para começar. De pé, em frente a um espelho, movimente-se como se tivesse de fato toda a autoconfiança que deseja ter. No decorrer do próximo mês, pratique essa postura quando estiver com as pessoas que conhece. Não diga a ninguém o que está fazendo, e não exagere. Você certamente não irá querer parecer uma primadona ou um canastrão. Procure apenas agir de maneira autoconfiante ao se sentar, ao ficar em pé ou ao caminhar. Observe a reação das outras pessoas e veja como começa a se sentir em relação a si mesmo.

Capítulo 6

Uma Pequena Jornada Através da Mente

Visando ajudá-lo a compreender a si mesmo, seus pensamentos e seu comportamento, desejo sugerir uma maneira de examinar a sua mente, uma maneira prática que para muitos já se mostrou bastante útil. Não se preocupe em verificar se ela está ou não de acordo com aquilo que lhe ensinaram. A mente é uma maravilha multidimensional, e qualquer sistema que a divida em partes não passa de uma arbitrariedade conveniente. Sua mente é, na verdade, um todo ilimitado com uma grande diversidade de funções. Entretanto, em virtude dessa diversidade, *é* às vezes oportuno dividi-la em categorias para que possamos usá-la melhor.

Então, em nome da conveniência, dividamos a mente em três categorias de acordo com as suas funções. Eu as chamarei de Mente Criativa, Mente Diretora e Mente Ativa. Em termos práticos, podemos dizer que essas três categorias da Mente formam um empreendimento cooperativo que lhe permite ter experiências de vida. Algumas vezes essa cooperação não é muito boa. Quando isso acontece, a própria vida não parece muito boa. O problema, de um modo geral, é que estamos tentando fazer uma dessas Mentes atuar de uma maneira para a qual não está programada. E isto é quase tão eficiente quanto tentar fazer com que o fígado bombeie sangue, ou com que o coração digira a nossa comida. O que precisamos, na verdade, é de uma clara noção do funcionamento de cada Mente para que a cooperação seja eficaz.

A Mente Criativa

Esta parte da mente também é chamada de Eu Superior, Eu Divino, Espírito, Anjo da Guarda, e outros termos destinados a transmitir sua natureza fundamental. Ela não é Deus, no sentido do Ser Supremo, mas é a parte do seu ser que tem o conhecimento mais direto de Deus ou da Mente Universal, e que age como canal para o poder da vida. Sua função essencial é fornecer-lhe conhecimento, amparar sua existência física, prover-lhe a "força vital" e atuar como uma espécie de agente de Deus na criação de sua experiência individual, usando os padrões de seus pensamentos.

Você não é um estranho para esta mente criativa, embora talvez não pense assim. Não é algo que você tenha que se esforçar para alcançar. Você não precisa se "purificar" a fim de vivenciá-la. Ela é uma parte natural da sua vida cotidiana. Sua Mente Criativa está sempre funcionando com você, mas nem sempre você está consciente dela. E, nas ocasiões em que teve consciência dela, talvez não a tenha reconhecido como tal. Apresento a seguir alguns exemplos de quando a Mente Criativa está no primeiro plano de sua experiência:

1. Quando de repente você "sabe" alguma coisa, com um conhecimento tranqüilo e seguro, isento de lógica e de qualquer dúvida.
2. Quando você está serenamente consciente de uma pessoa, um objeto ou um acontecimento como uma "experiência pura" sem julgamentos, análises, ou diálogos interiores a respeito.
3. Quando você sente que uma parte de si mesmo está "separada", observando tranqüilamente o que você está fazendo.

4. Quando você tem consciência de estar "em sintonia" com a natureza, e sente a serena alegria que acompanha essa percepção.

Como usar de maneira prática essa parte da mente? Eis aqui três maneiras. Primeiro, lembre-se com freqüência de que sua Mente Criativa cria a experiência usando seus pensamentos como padrões. É claro que ela não usa todos os seus pensamentos, e sim aqueles nos quais você se detém mais. E o processo é praticamente automático. O que você tem a fazer é lembrar-se do que está acontecendo e que o restante do seu ser não precisa fazer nada, exceto aproveitar as oportunidades à medida que elas forem surgindo e manter seus pensamentos no tipo de vida ou nas condições que você realmente deseja vivenciar. A segunda maneira é uma comunicação mental com essa parte da sua mente, pedindo mentalmente soluções para os problemas que está enfrentando, ou solicitando energia adicional, vigor e saúde. Sua Mente Criativa sabe todas as respostas e possui um suprimento ilimitado de energia revigorante, mas tem a curiosa peculiaridade de jamais interferir no seu livre-arbítrio. Desse modo, com exceção da manutenção e do apoio básicos, você precisa pedir mais ajuda antes de obtê-la. A terceira maneira é cultivar a percepção consciente dessa parte da sua mente, através de exercícios simples. Eis alguns que você poderá fazer.

Exercício 1: Você precisará, neste caso, da ajuda da natureza. Procure um lugar que tenha uma vista e onde você possa ficar sentado durante algum tempo. Por quanto tempo não importa; pode variar de alguns momentos a muitas horas. Você pode ir para uma praia, um lago, a mata, um jardim, pode procurar um belo nascer ou pôr-do-sol, o que for mais conveniente. Se seu acesso à natureza for de todo impossível, use um vaso de planta ou uma flor ou, como último recurso (que pode funcionar muito bem), use uma bela fotografia de um cenário natural. Leve o tempo que quiser para tomar consciência da beleza e da magia da vida dentro da cena, e do mesmo tipo de vida em seu interior. Deixe que todos os outros pensamentos passem por você e desapareçam. Focalize apenas o momento presente, a experiência imediata. Você terminará sentindo-se renovado, relaxado, purificado. Pense também no fato que essa bela experiência foi criação sua.

Exercício 2: Imagine sua Mente Criativa como um halo flutuando logo acima da sua cabeça, da espécie que os anjos usam nas histórias em quadrinhos. Veja-o reluzindo com uma luz suave e saiba que ele está sempre presente como uma fonte de conhecimento e vigor. Você já usou esse halo num dos exercícios de Emotivação. Imagine, como alternativa, que sua Mente Criativa é uma pessoa gigantesca, tão maciça como a própria Terra, e capaz de alcançar as estrelas, uma pessoa que se interessa muito por você e até mesmo o segura nos braços. De qualquer modo, tenha consciência da sua presença como uma parte de você mesmo que lhe dá apoio e que só deseja o que há de melhor para você. Faça este exercício ao se levantar pela manhã e também durante o dia, sempre que se lembrar. Quanto mais você o praticar, mais prestará atenção no fato de que esta parte de sua mente existe, e mais ela agirá em seu favor.

A Mente Diretora

Se você for praticamente como todos os outros seres humanos, o mais provável é que já conheça bastante esta parte da sua mente. Algumas vezes ela é chamada de Mente Consciente, de Mente Racional ou de Intelecto, mas esses termos não descrevem de maneira adequada a sua função. Sua "tarefa" é captar as informações em estado bruto, provenientes das sensações e dos sentimentos, e atribuir-lhes significado; analisar e organizar essas informações; fornecer diretrizes sob a forma de idéias e imagens com as quais a Mente Criativa possa trabalhar; e dar ordens à Mente Ativa. As duas últimas funções são as de maior influência na qualidade de sua experiência de vida, uma vez que podemos dizer que a Mente Criativa produz os eventos e as circunstâncias, enquanto que a Mente Ativa gera as respostas comportamentais a esses eventos e circunstâncias. Ambas, contudo, fazem a sua tarefa de acordo com o "plano de ação" (idéias, imagens e ordens) da Mente Diretora.

Você compreende o que estou dizendo? Estou dizendo que VOCÊ é a fonte da sua experiência. O tipo de pessoa que você é, o tipo de trabalho que você faz, o lugar onde você vive, as pessoas importantes da sua vida, a natureza dos seus relacionamentos, sua sensação de felicidade ou infelicidade – todos estes fatores têm sua origem nas idéias, imagens, decisões e ordens de sua Mente Diretora. E quanto à infância, você poderá perguntar: e quanto ao lugar onde nasceu, seus pais, sua raça, seu ambiente no início da vida? Com certeza eles não tiveram origem nesta Mente Diretora. Você está certo, eles não tiveram. O momento, o lugar, e as circunstâncias de seu nascimento e seus primeiros anos de vida tiveram uma outra origem, superior. Mas a partir do momento em que você fez sua primeira interpretação, sua primeira análise, sua primeira organização dos fatos, ou tomou sua primeira decisão *a respeito* do mundo no qual nasceu, sua Mente Diretora começou a trabalhar. Bem, você poderá perguntar, e quanto aos meus pais, meus professores e amigos? Eles desempenharam um importante papel na formação da minha vida, não é verdade? É claro que sim. Mas o papel deles foi limitado e limita-se a ser parte da sua experiência. Eles podem ter exercido uma influência mas, mesmo assim, foi você que fez as interpretações e tomou as decisões a respeito dessa influência. E são essas idéias e suas imagens correspondentes que orientam sua vida.

As dificuldades que a maioria das pessoas tem com a Mente Diretora são decorrentes de seu uso excessivo, de seu pouco uso, ou do uso equivocado da mesma.

Você a usa *em excesso* quando se preocupa com situações passadas ou presentes que não pode mudar ou sobre as quais não tem qualquer controle, analisando-as e julgando-as constantemente, atribuindo às coisas uma importância maior do que merecem, e tomando decisões baseadas em suas emoções.

Você a usa *pouco* ao fazer de conta que está à mercê de seus hábitos, ao se permitir ficar preso numa rotina de vida monótona e triste, e ao se recusar a pensar a respeito do que poderia fazer para tornar melhor sua vida.

Você a usa de uma *maneira equivocada* ao culpar as outras pessoas por suas circunstâncias, ao elaborar todos os tipos de desculpas e motivos "lógicos" para explicar por que você não pode melhorar o seu destino, e ao dar ordens conflitantes à sua Mente Ativa.

Existem dois exercícios que irão ajudá-lo a se tornar mais consciente do funcionamento de sua Mente Diretora.

Exercício 1: Durante o dia, escute o seu "tagarelar interior", as conversas que a sua Mente Diretora mantém consigo mesma. Tome consciência de como você julga, critica e analisa as suas próprias ações e o que ocorre à sua volta. Observe com que freqüência você toma uma situação que já ocorreu e a revê mentalmente repetidas vezes, fazendo críticas, avaliações e justificativas. Reflita sobre se isso pode lhe fazer algum bem.

Exercício 2: Conscientize-se, durante o dia, de quantas vezes você forma imagens do futuro na sua mente. Pense a respeito de quantas dessas imagens representam eventos positivos e quantas são negativas. E pense na freqüência com que você toma decisões a respeito de como agir, decisões que se baseiam nas emoções despertadas pelas imagens produzidas pela sua Mente Diretora. Pense a respeito do fato de que essas imagens mentais do futuro tendem a atrair experiências semelhantes quando você insiste nelas com freqüência.

A Mente Ativa

Este é o verdadeiro burro de carga do trio. Sua Mente

Ativa está no controle de todas as funções do seu corpo, da operação do seu sistema nervoso, do seu comportamento físico e suas ações, dos seus sentidos, da distribuição do seu suprimento de energia (inclusive das suas emoções), da transmissão dos seus pensamentos, do funcionamento dos seus hábitos, e da sua memória. Ela amiúde é chamada de Subconsciente, mas este termo deixa muito a desejar porque é grande o número de pessoas que o associa a uma parte incontrolável de nós mesmos que freqüentemente trabalha contra nós e nos oculta informações. É verdade que você não sabe como ela faz o seu trabalho, mas você pode ter a certeza de que ela é de fato uma amiga e não uma inimiga. Um termo até certo ponto melhor do que subconsciente é corpo-mente.*

Eu a chamo de Mente Ativa porque sua função mais básica é executar ordens, agir e reagir em vez de pensar, no sentido usual desta palavra. Ela funciona de um modo muito semelhante ao de um supercomputador, e freqüentemente é culpada por apenas cumprir o seu dever. Por um lado, ela obedece às ordens codificadas na estrutura genética de suas células; por outro, ela também tenta cumprir as ordens dadas pela Mente Diretora. Ela merece na verdade mais compaixão do que censura porque algumas vezes as ordens da Mente Diretora entram em conflito com as ordens dadas pelas células. Isso pode acontecer quando a Mente Diretora chega à conclusão de que comer em excesso é um bom substituto para o afeto. Algumas vezes, também, a Mente Diretora dá ordens que entram em conflito com outras – dadas anteriormente por ela mesma – como quando alguém decide fazer algo que concluiu ser moralmente errado. Em ambos os casos, o resultado imediato é o estresse e a tensão, o que poderá provocar uma doença e/ou circunstâncias indesejáveis.

Sua função como guardiã dos hábitos é o processo mais

---

* Aparentemente, a introdução do neologismo *corpo-mente* na literatura cabe a Ken Dychtwadd que escreveu, em 1977, um livro com o título *Bodymind*, traduzido como "corpomente" para o português e lançado em 1984. O presente original de Serge King é de 1981. (NR)

insultado da Mente Ativa. Você já deve saber, nesta altura, que todos os hábitos originam-se de decisões conscientes tomadas pela Mente Diretora e que foram reforçadas por uma atenção e por um conjunto de imagens repetidas até a Mente Ativa passar a lhes obedecer automaticamente. O fato de que a Mente Diretora muitas vezes "esquece" o que fez para provocar o hábito significa que ela em geral culpa a Mente Ativa (seja qual for o seu nome) em vez de culpar a si mesma pelos hábitos indesejáveis sobre os quais julga não ter nenhum controle. A verdade é que os hábitos de pensamento e comportamento tiveram origem na Mente Diretora, e podem ser alterados através do uso dos recursos analisados antes.

Apresento a seguir alguns exercícios que o ajudarão a ficar familiarizado com a Mente Ativa.

Exercício 1: Um homem chamado Max Long fez a excelente sugestão de darmos um nome à nossa Mente Ativa para tornar mais fácil a comunicação e a transmissão de ordens. Um grande número de pessoas teve muito sucesso ao colocar essa idéia em prática. É como dar um nome a um computador, só que neste caso o "computador" efetivamente responde de uma maneira positiva a essa atenção especial. Escolha então um nome para ela e use-o quando quiser conseguir um melhor desempenho do seu corpo, da sua memória e das suas emoções, e ainda quando estiver usando os recursos mentais para estabelecer novos hábitos. Use também o nome para agradecer à Mente Ativa quando ela agir como você deseja. Você poderá ficar surpreso com a resposta. Algumas pessoas usam o nome do meio, outras escolhem o nome de um de seus personagens favoritos da história ou da ficção. Escolha o nome com o qual você se sentir mais à vontade.

Exercício 2: Uma das importantes funções da Mente Ativa é ser a fonte de informações da memória. Pode causar surpresa, mas ela parece ter preferência por determinadas recordações em detrimento de outras. As lembranças que ela prefere, e as emoções que talvez estejam relacionadas com elas, podem lhe fornecer muitas informações sobre suas próprias idéias e crenças atuantes. Uma das maneiras de recorrer a essas recordações é através de um processo denominado "caça-ao-tesouro". Para usá-lo, você deve sentar-se num local tranqüilo, respirar profundamente algumas vezes, relaxar os músculos, fechar os olhos e, usando o nome que lhe deu, dizer à sua Mente Ativa para lhe mostrar quais são as suas recordações favoritas. Fique então apenas esperando que elas surjam na sua consciência. É importante que você se contenha e não lhe diga *quais* as lembranças que deve apresentar. No momento, você não está interessado nas preferências da sua Mente Diretora. Apenas dê à Mente Ativa a ordem de apresentar as recordações que ela prefere, e espere. Você saberá quando o processo estiver atuando ao surgirem "tesouros" que você provavelmente tinha esquecido de propósito. Deverão ser curtos, vívidos e repletos de detalhes sensoriais. Se nada acontecer, tente outra vez numa outra ocasião, usando um dos exercícios de Emotivação para relaxar. Explique então com muito cuidado a si mesmo o que exatamente você deseja. Tenha paciência, e o que você espera acontecerá.

Como no caso da Mente Criativa, quanto mais você "se tornar amigo" da sua Mente Ativa, mais positivamente ela trabalhará para você.

PARTE II

Capítulo 7

O Espelho do seu Corpo

"O corpo é uma máquina maravilhosa!" Esta frase, ou algo semelhante, é o que você provavelmente ouvirá de um profissional de saúde ortodoxo, impressionado com a forma estupenda pela qual o corpo funciona. Bem, ele é de fato magnífico. De uma maneira bastante autônoma, ele extrai oxigênio do ar e de algum modo faz com que este penetre na corrente sangüínea, enquanto expele os gases residuais durante o mesmo processo. Ele digere a nossa comida, extraindo as substâncias nutrientes e livrando-se do que não consegue usar. Ele bombeia uma incrível quantidade de sangue através do sistema circulatório, para alimentar e purificar as células, e passa o tempo todo substituindo as células antigas por novas. Ele produz células e órgãos especiais para lidar com a infecção, e outros para segregar as substâncias químicas necessárias ou para transmitir sensações. Ele é na verdade magnífico. Mas certamente não é uma máquina.

A idéia de que o corpo é uma máquina surgiu com o desenvolvimento da Era Industrial, que ainda está muito presente entre nós. É verdade que existem muitas semelhanças entre o corpo e uma máquina. Ambos são formados por componentes que possuem diferentes funções, ambos executam um trabalho, ambos em geral possuem partes que se movem, e ambos parecem se avariar ou se desgastar. Influenciados pelo pensamento da era da máquina, os profissionais da área da saúde começaram a tratar o corpo como se fosse uma máquina. Se havia alguma coisa errada com ele, tinha que existir uma causa mecânica. Podia ser um curto-circuito (um colapso no sistema nervoso), uma parte defeituosa ou gasta, a invasão do sistema por um agente externo (germes, bactérias, vírus, venenos) que interferem no seu funcionamento, ou uma falha do operador em suprir alguma coisa necessária ao seu funcionamento (como vitaminas, proteínas, etc.). Todas as partes e suas possíveis dificuldades recebiam rótulos para que os diferentes mecânicos do corpo pudessem ter certeza de estarem discutindo a mesma coisa.

É verdade que tratar o corpo como uma máquina tem permitido que muitas pessoas vivam vidas mais longas e produtivas por meio da introdução ou reposição de substâncias químicas como drogas e vitaminas; de cirurgias corretivas e da substituição das partes danificadas; e da eliminação de partes indesejadas ou que não estão mais funcionando bem. Mas também é verdade que muitas vidas foram marcadas ou perdidas por causa desses mesmos tratamentos. O que é pior, essa maneira de pensar gerou uma atmosfera de falta de confiança no próprio corpo, que pode deixar de funcionar adequadamente a qualquer momento, e uma falta de confiança no meio ambiente, que pode atacar a qualquer instante. E, o que é pior, a abordagem mecânica empurrou a mente para o lado, relegando-a à posição de um observador impotente exceto, é o que se supõe, no caso de especialistas com um conhecimento interior.

O corpo, contudo, não é uma máquina. Em primeiro lugar, ele sempre cura a si mesmo, algumas vezes com a ajuda dos "mecânicos" e outras, apesar deles. Quando um médico faz alguma coisa para ajudar um corpo, ele nunca sabe qual será a reação. Talvez vá ficar bom, talvez não, e tudo o que o médico pode fazer é esperar que seu método apresente um bom resultado. Se isso não ocorrer, ele tentará então uma outra coisa. Se muitas *coisas* diferentes não funcionarem, ele poderá simplesmente desistir mas, para surpresa geral, o corpo pode ficar bom mesmo assim. Por quê? Porque os médicos não curam e não podem curar nada, e os melhores deles admitem esse fato. O máximo que podem fazer é oferecer, da melhor maneira que conseguirem, as condições nas quais uma cura possa ocorrer. Em geral, eles são eficientes para eliminar sintomas específicos. Mas isso não é o mesmo que curar.

Para ser preciso, um corpo doente também não pode curar a si mesmo. O fator adicional, *necessário*, é a mente do indivíduo que está com o corpo doente. Ficar bom, ou evitar a doença, depende quase que totalmente do que está acontecendo nessa mente. Esta não é, de modo algum, uma idéia nova. Hipócrates, o "pai da medicina moderna", entre outros, concordava com ela. Mas ela foi enterrada mais ou menos na época em que as máquinas se tornaram populares. Bem, enterrada não é bem o termo; desprestigiada é uma expressão mais conveniente. Alguns profissionais da área da saúde nunca abdicaram por completo da mente, e um número cada vez maior deles a estão trazendo de volta hoje em dia. Essa "revolta" nos círculos ortodoxos se intitula psicossomática.

A Limitação da Psicossomática

A palavra "psicossomática" tornou-se popular na década de 30 quando foi usada num livro da dra. Helen Flanders Dunbar denominado *Emotions and Bodily Change* (Emoções e Modificações Corporais). A partir daí, muitos trabalhos importantes foram produzidos para demonstrar o relacionamento entre os estados mentais e a saúde física. O resultado foi um registro bastante claro do papel altamente significativo que a mente desempenha na criação e na cura das doenças. Uma pesquisa afirma que três dentre quatro doenças têm origem psicossomática, enquanto que uma outra declara que 90% de todas as dores na região lombar têm a mesma origem. Lamentavelmente, o campo da psicossomática sofre várias limitações graves.

Em primeiro lugar, a própria palavra é em si quase que uma deturpação do que está sendo estudado. "Psicossomático" tem sua origem em duas palavras gregas: *Psyche*, que significa *"alma"* ou *"mente"*, e *soma*, que significa *"corpo"*. Está implícito que a psicossomática lida com o relacionamento entre as idéias e o corpo. Entretanto, os especialistas do campo se preocupam, em sua maior parte, com o relacionamento entre as emoções e o corpo, como claramente o indica o título da obra de Dunbar. Isto é sem dúvida melhor do que ignorar as emoções, mas ainda não é um verdadeiro estudo do conjunto corpo/mente. As emoções são energia, e a liberação de uma energia contida pode atenuar uma grande quantidade de dor e sofrimento; mas, embora os sintomas possam ser abrandados desse modo, nenhuma cura resultará a não ser que as idéias que geram os bloqueios emocionais sejam alteradas. Até o momento esta continua sendo uma área negligenciada.

Uma outra limitação é a conotação ou interpretação que a palavra "psicossomático" tem recebido, tanto dos especialistas da área da saúde quanto dos leigos. Com freqüência ela é usada com o significado de *imaginário*, no sentido de algo não ser real, como se a pessoa com os sintomas os estivesse simulando ou fosse tão maluca a ponto de não saber o que estava acontecendo. Em geral, esse significado é usado quando os médicos, ou seja lá quem for, não conseguem descobrir uma causa "orgânica" para a doença (orgânica, aqui, significa um defeito visível em alguma parte do corpo). Entretanto, disfunções "orgânicas" de todos os tipos são o mero resultado final de disfunções do pensamento e da emoção, e não a causa da doença.

Uma terceira limitação é a preocupação com os eventos como a principal causa dos estados mentais e emocionais que produzem a doença. Os chamados "eventos estressantes" da infância, ou do passado recente, ou do ambiente atual da pessoa, são freqüentemente culpados, segundo a perspectiva psicossomática. Na infância, o pai (ou a mãe) dominador ou rejeitador pode ser responsabilizado pelo estresse. Estudos recentes demonstraram que existe uma forte correlação entre eventos como casamento, morte em família, mudança de residência ou de emprego, rompimento de relacionamentos e traumas semelhantes, e a experiência de algum tipo de doença cerca de doze meses após o evento. Também estão sendo feitas correlações entre situações "estressantes" como dirigir em estradas, um ambiente desagradável no lar ou no trabalho, condições econômicas e várias doenças. Na maioria delas, a natureza estressante da situação é enfatizada. Gostaria de salientar, contudo, que essa abordagem é extremamente mecânica. Em engenharia, a tensão (o estresse) é uma força externa aplicada a um objeto que poderá ou não fazê-lo desmontar, dependendo da quantidade de força e da resistência elástica do objeto. No corpo humano, a tensão mecânica (estresse) é produzida quando a tensão muscular ou celular está em funcionamento, ou quando um objeto ou força física (i.e., um som alto ou uma luz brilhante) entra em contato com o corpo. Mas, em si e por si, *os eventos não produzem estresse.* O estresse associado a determinados eventos decorre da nossa *reação* diante do evento, e não do evento em si. E essa reação é determinada pelas nossas crenças a respeito do evento ou a respeito de nós mesmos em relação a ele.

Seu Sistema de Sobrevivência

Inserido no nosso código genético existe um maravilhoso sistema de sobrevivência que em geral recebe o nome de "instinto". Trata-se de algo que compartilhamos com os animais e está sob os cuidados da nossa Mente Ativa. Parte desse sistema foi identificado como uma reação do tipo "lutar ou fugir", e alguns pesquisadores notaram um vínculo entre essa reação e a doença. Quero ir mais longe ainda e mostrar-lhe que você tem quatro reações de sobrevivência que estão diretamente relacionadas com o seu estado de saúde ou de doença. Essas quatro reações são: Defender, Recuar, Agir e Descansar.

Defender: Creio que esse termo é mais preciso do que "lutar" porque a ação agressiva não envolve necessariamente a violência. Pode envolver algo tão simples quanto um franzir de testa para indicar o seu desprazer e servir de aviso a quem cometeu a ação desagradável. No fundo, esta é uma reação com a qual você faz valer os seus direitos em defesa daquilo que considera importante para a sua sobrevivência (i.e., o suprimento de comida, seus direitos civis, sua integridade, sua pessoa). Quando implica violência é porque você acredita que ela é necessária, independentemente do fato de ela ser efetivamente necessária.

Recuar: Mais uma vez, acho que este é um termo mais preciso do que "fugir", porque inclui reações simples como o calar-se ao perceber que suas palavras estão lhe causando problemas. A fuga efetiva, que vai do afastar-se com calma até o correr a toda velocidade, é apenas uma parte dessa resposta de sobrevivência.

Agir: Como uma reação de sobrevivência, esta funciona para suprir suas necessidades básicas de alimento, sexo, exercício e comunicação; nenhuma delas envolve necessariamente defesa ou retirada.

Descansar: Esta reação se refere apenas ao seu instinto básico de descanso físico e sono suficientes.

Este sistema de sobrevivência tem uma íntima relação com o seu estado de saúde. Quando a Mente Diretora e a Mente Ativa estão trabalhando em harmonia e você obedece adequadamente os seus instintos, ou seja, atende-os com a devida consideração dadas as suas circunstâncias, você está então num estado vigoroso de saúde. Entretanto, uma perturbação no sistema de sobrevivência resulta numa saúde precária.

Essa perturbação ocorre quando a sua Mente Diretora dá ordens contraditórias numa situação de sobrevivência. Neste caso, em vez de uma simples ordem de "defenda-se" ou "recue", por exemplo, você poderá estar ordenando "defenda-

-se/não se defenda" ou "recue/não recue". Nesse ponto, o seu corpo começa a protestar enviando-lhe mensagens de dor, doença, ou mau funcionamento. Por favor, observe bem isto: a dor, a doença ou o mau funcionamento do seu corpo não é um castigo mas uma mensagem de que existe um conflito de idéias que estão ameaçando a sua sobrevivência.

Ordens conflitantes ao seu sistema de sobrevivência produzem uma tensão aguda ou crônica nos seus músculos ou células até que o conflito seja resolvido. As drogas, a comida, a respiração profunda, a massagem e outras técnicas poderão reduzir ou mascarar a tensão por algum tempo, mas ela rapidamente se acumulará de novo enquanto existir o conflito. É por isso que suas crenças exercem uma influência tão grande sobre a sua saúde. Examinemos agora alguns exemplos típicos de conflitos.

Defender/Não Defender: Se, quando criança, você aceitou a crença de que é errado fazer valer seus direitos ou mostrar que está zangado, isto em si talvez não lhe cause nenhuma dificuldade física. Você pode simplesmente lançar mão da reação de recuo e evitar todo e qualquer conflito. Mas se, ao mesmo tempo, você acreditou que fazer valer seus direitos é algo necessário para a sua sobrevivência, todas as vezes que enfrentou uma situação na qual o instinto de Defesa foi estimulado, este se viu automaticamente contestado pela primeira crença. A quantidade de tensão resultante depende da intensidade da emoção despertada pela situação, que o conflito pode reprimir.

Recuar/Não Recuar: Algumas pessoas crescem com a idéia de que o melhor caminho de sobrevivência a seguir é recuar diante de situações de ameaça. Isso pode produzir uma personalidade acuada, mas não necessariamente uma saúde precária. Se um menino desenvolver essa crença *aliada* à noção de que um homem sempre deve se mostrar decidido, esse conflito diante de uma ameaça provavelmente lhe acarretará problemas físicos. Um dos resultados pode ser o simples medo do palco, porque ter os olhos de toda uma audiência em cima da gente pode parecer ameaçador. Ouvi um ator declarar numa entrevista que ele sempre ficava muito doente antes de cada espetáculo, embora tudo ficasse bem no momento em que se via no palco. Isto acontecia porque seu corpo estava recebendo mensagens "recue/não recue". No palco, as mensagens tornavam-se mais harmoniosas e se tranformavam em crenças do tipo "é bom representar". Na sua intensidade máxima, os conflitos do tipo "recue/não recue" podem resultar em paralisia.

Agir/Não Agir: A crença de que determinadas atividades estão erradas, unida a um forte desejo de executá-las, pode provocar muitos tipos de doenças físicas. Neste caso, os conflitos mais óbvios estão relacionados com o sexo e a afetividade, mas podem incluir coisas como dançar, tomar bebidas alcoólicas ou fazer determinados tipos de trabalhos, dependendo das crenças do indivíduo. "Agir/Não Agir" também pode ser traduzido por "Devo Agir/Não Posso Agir". O desespero e a desesperança podem facilmente resultar de um conflito desse tipo, e é interessante observar que os pesquisadores da psicossomática encontraram elevadas correlações entre esse tipo de sentimento e pacientes com câncer. Por falar nisto, sou contra a expressão popular "vítima de câncer" porque não existe tal coisa. O câncer é uma reação a um conflito de crenças, e não a um agente externo.

Descansar/Não Descansar: O corpo decerto precisa de uma determinada quantidade de descanso todos os dias; provavelmente, não tanto quanto você imagina, mas precisa de algum. Porém, a convicção de que uma certa quantidade de descanso é necessária é contestada pela noção de que o descanso é perigoso, que sem dúvida surgirão dificuldades. Como pode alguém acreditar que o descanso é perigoso? Bem, uma pessoa que associe o sono com a morte e que tenha medo de morrer poderá apresentar esse conflito. O mesmo pode acontecer com a pessoa que acredita que a vida é curta e que ela precisa estar em constante atividade para conseguir alguma coisa ou demonstrar que merece alguma coisa. Estas duas últimas crenças são tão comuns que as pessoas que as possuem são denominadas personalidades do "Tipo A", e costumam sofrer de hipertensão, pressão alta ou problemas cardíacos.

Afirmo que todas as doenças são causadas por convicções discordantes que afetam o nosso sistema básico de sobrevivência. Não é suficiente falar em emoções reprimidas como causa da doença, porque as emoções sempre são reprimidas por alguma razão. A raiva, o ciúme, o ressentimento, a ansiedade, a culpa são sentimentos que surgem das crenças. Eles são efeitos, e não causas. Para prevenir ou curar a doença, é preciso lidar com as crenças que estão por trás do conflito. A resolução desses conflitos muitas vezes ocorre de forma espontânea, de maneiras até mesmo inconscientes para o indivíduo. Quando isso ocorre, tem lugar uma cura espontânea. Mas isso não acontece com freqüência suficiente, de modo que não é algo com que podemos contar. Felizmente, todos possuímos uma Mente Diretora que podemos usar para fazer a mesma coisa de forma consciente.

A Somografia e a Doença

Gosto de inventar palavras, de forma que eis aqui uma, criada bem a propósito para este livro: *somografia*. Do mesmo modo como a geografia é o estudo da terra (*geo* = terra) e sua divisão em regiões, somografia é o estudo do corpo (*soma*) e sua divisão em regiões.

Uma coisa bastante curiosa, observada pelas pessoas interessadas nos relacionamentos entre a mente e o corpo, tanto na antigüidade quanto em nossos dias, é que as crenças e as doenças são bastante propensas a se associar a áreas específicas do corpo. O mais interessante é que essas áreas ou regiões parecem estar divididas principalmente de uma forma horizontal, sem levar em consideração as estruturas musculares e ósseas. Somografia é o nome que eu dou ao estudo desse fenômeno, porque nunca deparei com nenhum outro mais adequado.

As divisões somográficas foram feitas por outros autores, em especial por Wilhelm Reich em seu *Couraça Muscular do Caráter*, mas minha pesquisa pessoal levou-me a discordar de algumas das suas conclusões. Vou apresentar, portanto, o meu sistema de classificação que espero vá ajudá-lo a detectar as idéias que se escondem por trás das suas doenças.

1ª Região: Cabeça, ombros, braços e mãos.
2ª Região: Tórax, seios, pulmões, coração e o alto das costas.
3ª Região: A cavidade abdominal, o sistema gênito-urinário, a região lombar e as nádegas.
4ª Região: As pernas e os pés.

Os próximos capítulos irão analisar cada uma dessas regiões e as idéias e doenças que lhes estão associadas.

A Divisão entre Direita e Esquerda

Existe uma outra divisão, óbvia, cujo significado em termos de doenças ainda é mera especulação. Trata-se da chamada divisão entre as metades direita e esquerda do corpo. Quanto à aparência, significa que o lado direito do corpo freqüentemente parece diferente do lado esquerdo. Existe algumas vezes uma diferença no desenvolvimento muscular dos braços ou das pernas, que pode ou não ser causada por tensão, e outras vezes um seio é maior do que o outro. Entretanto, a diferença mais visível está no rosto. Você mesmo pode confirmar este fato colocando a borda de um espelho no centro do rosto de uma pessoa fotografada de frente. Faça os ajustes necessários para que metade da face seja refletida no espelho e assim formar a imagem de um rosto inteiro. Vire então o espelho e faça a mesma coisa com o outro lado. A diferença poderá surpreendê-lo, porque o resultado talvez mostre duas pessoas totalmente diferentes. O que você está vendo é o reflexo de dois aspectos de uma mesma personalidade.

É provável que essa diferença tenha algo a ver com o fato de o lado esquerdo do cérebro, que os cientistas descobriram estar associado às aptidões analíticas e verbais, controlar mais ou menos o lado direito do corpo; e o lado direito do cérebro, associado às aptidões artísticas e integradoras, exercer uma maior influência sobre o lado esquerdo do corpo. Sob o aspecto prático, contudo, poderíamos dizer que o lado direito do corpo é mais "masculino" e o lado esquerdo, mais "feminino", desde que fique claro que estas palavras estão se referindo a qualidades genéticas e não a diferenças sexuais.

Creio que essa divisão faz parte da nossa herança natural, devido em parte à maneira como o nosso cérebro funciona, e em parte ao fato de que temos uma participação igual de cromossomos do nosso pai e da nossa mãe. De qualquer modo, existem alguns dados que indicam que as nossas doenças costumam "tomar partido".

De acordo com essa idéia, as doenças ou os problemas físicos do lado direito tendem a estar envolvidos com relacionamentos masculinos, inclusive com o pai, enquanto que os problemas do lado esquerdo dizem mais respeito aos relacionamentos femininos, inclusive a mãe. Esta é uma idéia interessante, mas quero enfatizar que ainda se trata de mera especulação. Ainda assim, talvez valha a pena levá-la em consideração quando você procurar a fonte das idéias que estão por trás da doença.

Algo para se Ter em Mente

Embora os próximos capítulos lidem com regiões e partes específicas do corpo, é importante lembrar que você pode ter várias idéias conflitantes acontecendo ao mesmo tempo, de modo que uma mesma doença pode afetar mais de uma região. Além disso, determinadas crenças podem agir como "pontes" entre as idéias associadas a diferentes regiões, e este é o motivo pelo qual um problema como a constipação intestinal também pode resultar numa dor de cabeça. Tenha sempre em mente que você é uma pessoa completa e não um simples conglomerado de partes. Dito isto, passemos a examinar as partes.

Capítulo 8

1ª Região – O Centro da Comunicação

A cabeça, o pescoço, os ombros, os braços e as mãos formam o que eu denomino de o centro de comunicação do corpo. Esta é a área que está mais envolvida com a comunicação dos pensamentos e sentimentos. A cabeça está no controle da visão, da audição, do paladar, do olfato, da fala, e de um número infindável de expressões faciais; o pescoço move a cabeça para indicar concordância ou desacordo; um encolher ou levantar de ombros pode transmitir uma série de mensagens; os braços dizem coisas com abraços e gestos; e usamos as mãos para tocar nas coisas, fazer sinais, e ainda para nos expressar através da escrita, da pintura, da música e de outras atividades. Entretanto, além da comunicação, a 1ª Região também está envolvida com o nosso senso de realização, de reconhecimento e de competência. Tendo em mente o que acaba de ser dito, começaremos a analisar por que as coisas se desarranjam nessa região.

A Cabeça

A cabeça é, acima de tudo, o local onde confrontamos de forma mais direta os nossos pensamentos a respeito de nós mesmos e dos outros. Basicamente por esse motivo é que experimentamos aí o mais comum de todos os sintomas, a dor de cabeça. Ela decorre principalmente de tentarmos eliminar determinados tipos de pensamentos porque temos medo de pensar neles. Podemos temer que os pensamentos em si sejam prejudiciais ou "pecaminosos", ou podemos recear que venham a revelar coisas a nosso respeito das quais não queremos tomar conhecimento. A enxaqueca, por exemplo, em muitos casos está associada à raiva reprimida, mas isso não explica por que a raiva está reprimida. O motivo é que a pessoa teme as conseqüências de ter esses pensamentos irados, ou acredita que não deveria tê-los. Entretanto, os pensamentos estão presentes, buscando sua expressão natural, de modo que as ordens dadas são "pense/não pense" e o resultado é uma dor de cabeça.

A autocrítica e a crítica que vem dos outros podem dar origem a dores de cabeça, se você se esforça em não ouvi-las porque põem em cheque suas realizações ou sua competência. A crítica dirigida às outras pessoas pode fazer o mesmo, em especial se você a reforçar por meio de declarações habituais do tipo "ele/a me faz sentir dor de cabeça". Se você sentir uma "pressão" para agir de alguma maneira e rebelar-se contra ela, também poderá ter uma dor de cabeça. Na verdade, a sensação de pressão em si decorre da revolta porque, a não ser que sua cabeça esteja fisicamente presa num torno, a única pressão que existe está na sua reação.

Descreverei em outros capítulos algumas técnicas gerais para a autocura, mas eu gostaria de mencionar aqui duas práticas específicas que eu e outras pessoas descobrimos ser bastante úteis para aliviar a dor de cabeça. A primeira consiste em dirigir a atenção para as mãos e imaginar que elas estão ficando mais quentes, como se você as estivesse mergulhando em água quente. Isto tende a descarregar a tensão ao dirigir o fluxo do sangue e da energia emocional para longe da cabeça. A segunda é simplesmente imaginar que a cabeça está se expandindo de leve, como se estivesse ficando livre e solta. Ambas as técnicas funcionam bem, mas apenas aliviam os sintomas. A causa repousa no conflito de pensamentos. Nos casos em que existe um distúrbio orgânico real, como um tumor, a causa ainda se encontra no conflito de pensamentos. Como ocorre em todos os distúrbios orgânicos, a manifestação física é o resultado final de uma tensão intensa e prolongada. Ao eliminar a idéia conflitante, você permitirá que os processos de cura naturais ao corpo façam o seu trabalho.

Eu gostaria ainda de tecer um comentário a respeito da febre, que poderá ou não acompanhar uma dor de cabeça, ou se estender para além da cabeça. Ela é o resultado de um grau menos intenso de tensão que restringe, mas não bloqueia, o fluxo da energia emocional. De certa maneira, ela é como a resistência elétrica do tipo que aquece o ferro de passar ou a torradeira. Ela acontece quando você está "esquentando a cabeça" com alguma coisa. Mais uma vez, ao solucionar o conflito mental, você estará permitindo que a febre se dissipe.

O Rosto

Você tem medo de "encarar" alguma coisa, ou de "quebrar a cara"? Neste caso, o rosto poderá ser uma área problemática para você. Irritar-se com as críticas, com a falta de reconhecimento, ou com as dúvidas a respeito de sua competência também podem resultar em algum tipo de deformação facial. Os adolescentes parecem ter muitos problemas desse tipo, mas isso está muito mais relacionado com o seu desejo de serem reconhecidos como adultos competentes do que com as alterações hormonais. Quando esse desejo é frustrado pelos pais ou professores, a irritação reprimida aparece claramente em suas faces, e a gravidade do problema é proporcional ao grau de repressão. Pude observar, no caso de meus próprios filhos, que a "erupção" coincide acentuadamente com a qualidade de seu relacionamento com os professores, com minha esposa e eu, e com as namoradas (todos os meus filhos são do sexo masculino). Quando obtêm o que consideram o justo reconhecimento, seus rostos ficam limpos. Entretanto, o que aumenta o problema dos adolescentes é a crença social de que "esta é a idade na qual naturalmente ocorrem os problemas no rosto". A aceitação desta idéia produzirá os problemas, mesmo sem as supressões relacionadas com as outras pessoas, ainda que num grau bem menos intenso.

Os Olhos

Esses órgãos sensoriais da maior importância estão diretamente envolvidos com a maneira como "enxergamos" a vida e a nós mesmos em particular. Por exemplo, se você acredita que o futuro é bastante perigoso e não quer encará-lo, poderá desenvolver uma miopia. E se você sentir que o presente é muito perigoso, o resultado poderá ser a hipermetropia. Nesses casos, as lentes corretivas apenas reforçam essas idéias quando usadas de modo habitual, reforçam a nossa dependência de algo físico que talvez nos ajude, mas que poderá também servir de escudo para nos proteger dos outros. Duas pessoas míopes com quem venho trabalhando apresentaram uma grande melhora resultante de um aumento geral de sua capacidade de conscientização, do seu senso de competência e de um forte *desejo* de melhorar instrumentado por técnicas curativas.

Alguns problemas de visão estão relacionados com uma resistência aos pais. Sei de dois casos nos quais um astigmatismo no olho direito estava relacionado com sentimentos reprimidos com relação ao pai (lembre-se da divisão entre o lado direito e o esquerdo), e num dos casos o problema desapareceu tão logo o pai morreu. Mas não é preciso que você espere a morte do seu pai. Basta a resolução do conflito mental.

Vista cansada, glaucoma, catarata, perda de visão – estes e outros distúrbios oculares são causados pela tensão. Recentemente, a imprensa tem falado de uma grande controvérsia a respeito do uso da maconha para atenuar certos problemas oculares. Essa erva funciona por ser extraordinariamente relaxante. Algumas vezes a tensão não resulta de conflitos relativos a relacionamentos, e sim de idéias a respeito de como usar os olhos. Uma telefonista a quem ajudei estava tendo uma dificuldade cada vez maior em ler o tipo miúdo para informar os números para os clientes simplesmente porque acreditava que era necessário semicerrar e apertar os olhos para conseguir ler melhor com pouca luz. Quando aprendeu a inspirar profundamente algumas vezes e relaxar os olhos, com a ajuda da imaginação, constatou uma grande melhora em sua habilidade de enxergar sem forçar a vista.

O estado de seus olhos também é influenciado, em grande parte, pelo estado dos olhos dos pais. Se eles usavam óculos, é extremamente provável que você também tenha de usá-los. O fator determinante, contudo, não é a hereditariedade, e sim a aceitação da crença de que você, como eles, precisará usar óculos. Isto pode incluir a crença de que o problema de vista "está no sangue" (realmente está – através da cabeça deles), de que você irá precisar de óculos se ler muito numa luz deficiente (não existe nenhuma prova científica desse fato uma vez que é o esforço, e não a intensidade da luz que o afeta), ou de que você irá precisar de óculos quando atingir uma determinada idade.

Essa última crença pode dar origem ao que é conhecido pela psicossomática como "síndrome do aniversário". Ela pode afetar qualquer parte do corpo, mas vamos analisá-la aqui. Esta síndrome funciona de duas maneiras. Na primeira, você pode apresentar um sintoma particular na mesma idade em que o seu pai ou mãe apresentou. Isso ocorre porque, em algum lugar do seu sistema de crenças, existe a sólida idéia de que esse sintoma deverá ocorrer nessa idade. Desse modo, quando você a atinge, sua Mente Ativa evocará automaticamente a tensão necessária para produzir o sintoma, confirmando assim a crença. É um tributo à ingenuidade e à criatividade humanas que até mesmo esse fato possa ter um propósito de sobrevivência. Há alguns dias atrás, minha esposa recebeu um telefonema de um amigo que está com cerca de

60 anos e que lhe dizia ter acabado de se recuperar de um ataque cardíaco. Ele contou então que seu pai havia tido um ataque idêntico nessa mesma idade, mas que havia sobrevivido, chegando a viver mais de oitenta anos. É possível que este amigo acredite que o ataque cardíaco é uma espécie de garantia mágica de que ele também viverá mais tempo, ou é algum "teste" pelo qual ele tinha de passar.

O segundo tipo de síndrome do aniversário assemelha-se mais a uma celebração (esta não é bem a palavra mais adequada) do "aniversário" de algum evento traumático da sua vida particular. Se você tiver testemunhado algo extremamente desagradável quando criança no mês de dezembro, talvez tenha feito associações com o clima dessa época do ano, com os ornamentos natalinos ou com qualquer outra coisa. E assim você poderá desenvolver problemas nos olhos todos os anos, mais ou menos na mesma época, ao recordar-se do incidente e esforçar-se para não vê-lo. Mas as pessoas que fazem isso com freqüência não vêem a ligação entre o problema físico e o aniversário. Caso você esteja sujeito a algum tipo de síndrome de aniversário, esforce-se por perceber que você não *tem que* ter os mesmos problemas físicos de seus pais, nem tampouco *tem que* comemorar alguma doença.

A visão fraca pode estar relacionada com uma auto-imagem insatisfatória, com uma atitude excessivamente humilde, ou com o medo das conseqüências de parecer decidido. Em muitas espécies animais, olhar diretamente nos olhos de outro é um sinal de agressão. É por isso que muitos gatos e cães costumam desviar os olhos quando os encaramos de frente. Isso não acontece por se sentirem dominados pela nossa superioridade humana, mas por estarem educadamente indicando que não querem nos desafiar. Entre os seres humanos, olhar diretamente nos olhos de outrem pode ser um sinal de agressão, de auto-afirmação ou do desejo de intimidade. É por esse motivo que não se considera educado fitar os outros diretamente nos olhos. E é também por isso que, em algumas pessoas, a visão torna-se fraca, e elas passam a usar óculos protetores para não despertar nos outros sentimentos que possam provocar-lhes medo.

Os Ouvidos

Em muitos casos, as dores de ouvido e a perda da audição estão relacionadas com uma resistência a ouvir críticas, oriundas tanto de si mesmo como de outras pessoas. As dores de ouvido respondem particularmente bem aos exercícios de descarga da tensão. Quando as dores de ouvido atingem o ponto no qual a infecção e a tumefação aumentam a pressão, é sem dúvida uma boa idéia usar os remédios físicos, junto com o trabalho de relaxamento e a elaboração das crenças. Lembre-se sempre de que o importante é ficar bom, e não provar que um método é eficaz através do seu uso exclusivo. Enfatizo neste livro a aplicação do processo de Imaginação Ativa para a criação de imagens favoráveis à saúde, como declarei no prefácio, mas não estou insistindo na eliminação de todas as outras formas de tratamento, especialmente daquelas que envolvem o bom senso. Isso me foi demonstrado de forma contundente enquanto eu ajudava uma mulher que estava sofrendo de uma grave dor de ouvido. Ela me contou que os médicos não haviam constatado nada de errado com ela em termos físicos, de modo que eu a fiz praticar as técnicas e os métodos de relaxamento para resolver as idéias conflitantes, mas só alcançamos efeitos temporários. Cerca de um ano depois, ela veio me ver e disse que um outro médico havia finalmente encontrado e removido um pedaço de algodão que estava obstruindo o seu canal auditivo, e que naquele momento o seu ouvido estava ótimo. Acredito pessoalmente que o fato de o algodão ter sido encontrado coincidiu com uma decisão interior de sua parte de afinal solucionar o conflito, mas alguém tinha que retirar o algodão. Seguindo uma linha semelhante de pensamento, eu não hesito em usar preparados para dissolver a cera do ouvido quando um grande bloco se faz acompanhar de dor – *além de* empregar as técnicas de criação de imagens, peculiares ao processo da Imaginação Ativa.

Na nossa cultura, a perda da audição está freqüentemente associada ao envelhecimento. À semelhança do que ocorre com a diminuição da visão e com muitos outros sintomas, sua principal causa é a crença social de que essas coisas são um subproduto natural da velhice. Isso não é verdade. Não existe nenhuma razão natural pela qual você deva sofrer uma perda de qualquer uma das suas faculdades sensoriais, seja qual for sua idade, desde que você tenha a convicção de que elas podem ser saudáveis.

A tontura e a falta de equilíbrio podem estar relacionadas com problemas do ouvido interno onde é regulado o nosso senso de equilíbrio. Esses sintomas também se referem a idéias de que sua vida está seriamente desequilibrada ou de que as coisas estão fora de controle, e tão confusas que você acaba ficando tonto. Os efeitos físicos decorrem de tentarmos reprimir esses sentimentos.

A Boca

A boca é o mais importante órgão de comunicação que possuímos. Quando bebês nós a usamos para obter comida do mundo exterior, para mostrar insatisfação devolvendo-a para fora ou mordendo, e ainda como uma maneira de experimentar tudo, desde o bico do seio e da mamadeira até a areia. Quando crescemos, nós a usamos para o maravilhoso fenômeno da fala, bem como para cuspir, beijar, e talvez morder mais um pouco.

Podemos expressar com a boca toda a gama de emoções que sentimos, de modo que essa área pode ser o centro de muita repressão. Todas as deficiências da fala, exceto aquelas atribuídas a defeitos de nascença, têm sua origem em algum tipo de repressão. A gagueira e o balbucio são os exemplos mais patentes, e ambos respondem bem à terapia de relaxamento e à conquista da autoconfiança.

Eu sei, por experiência pessoal, que a doença dos lábios denominada herpes labial decorre do refreamento de palavras iradas. Até alguns anos atrás, eu nunca tinha tido esse problema, mas provavelmente em virtude de meus estudos sobre as doenças, meu corpo/mente passou a achar que esta seria uma boa maneira de me fazer saber que eu estava reprimindo palavras de ira (antes, ele havia usado outros recursos). Quando aprendi a entrar em sintonia com esse problema, cheguei ao ponto de poder sentir o herpes começando a se formar pouco depois de eu ter engolido uma resposta explosiva. E, embora a doença geralmente dure três dias ou mais, fui capaz de olhar no espelho e vê-la desaparecer em apenas uma hora ao liberar as emoções e mudar a idéia que lhes havia dado origem. O que eu fiz, você também pode fazer.

No que diz respeito a expressar as emoções, quero esclarecer que estou me referindo a permitir-se *senti-las* livremente. Em outras palavras, dar a si mesmo a total liberdade de expressá-las no seu íntimo. Você não precisa expressá-las para *a pessoa* com quem está zangado. O que importa é o fluxo livre das emoções. Isto significa que não é bom dar um soco no nariz do patrão, pisotear o seu cônjuge, ou agredir alguém com um tijolo, mas não há nenhum problema em *sentir vontade* de fazer essas coisas. Se o sentimento for tão forte que exija a sua manifestação física, grite com o rosto coberto por uma toalha, dê socos num travesseiro ou pisoteie com força uma caixa de papelão. Use um escape adequado que não vá lhe criar problemas, mas *sinta*. Se não todos, pelos menos a grande maioria dos sintomas poderá ser tremendamente atenuada se você seguir este simples conselho. Isso também se aplica aos sentimentos de raiva, medo, ciúme e todos os outros.

Os dentes não são usados apenas para comer; eles também representam um de nossos poucos recursos naturais de defesa – a mordida. Aliás, quando crianças, tentamos fazer isso, mas somos em geral forçados a parar e a desistir quando passamos a ser capazes de morder com força suficiente para machucar as outras pessoas. Não obstante, o anseio de morder ainda faz parte da nossa natureza, não importa o quanto possamos reprimi-lo. Na falta de provas suficientes, apresento apenas como uma teoria a relação entre a deterioração dos dentes e outros problemas dentários como efeitos da tensão resultante da repressão de emoções que nos incitam a morder em situações de perigo físico ou imaginário. As técnicas de relaxamento podem aliviar uma dor de dente, o que demonstra que a tensão está envolvida no processo. É evidente, para mim, que a tensão crônica pode produzir a deterioração dos dentes ou pelo menos torná-los mais suscetíveis a agentes externos como o açúcar. Talvez seja bastante proveitoso desenvolver um tipo de terapia para liberar as emoções, baseada no morder e em movimentos correlatos. Desconfio que o resultado seria uma quantidade menor de cáries e revisões semestrais com resultados mais positivos. Creio que o impulso de morder é, em grande parte, uma reação às críticas. O mesmo tipo de tensão pode afetar a gengiva.

O Nariz

Por ser o órgão do olfato, o nariz pode desempenhar um papel no desencadeamento de sintomas baseados em recordações de acontecimentos passados que estiveram associados a aromas particulares. Também é possível que os problemas do nariz decorram de um medo reprimido de "meter o nariz" nos assuntos alheios. Por mais tolo que isso possa parecer, é típico da maneira pela qual a Mente Ativa traduz as expressões verbais em físicas. A Mente Ativa costuma entender literalmente as nossas expressões verbais, de modo que o receio de que pensem que somos "introvertidos", por exemplo, poderá resultar numa tensão causadora de sintomas.

Não obstante, como parte do sistema respiratório, o nariz é um importante fator nos sintomas do resfriado. Embora aquilo que chamamos de resfriado comum possa envolver os olhos, os ouvidos, o nariz, os seios nasais, a garganta e o peito, vamos discutir esse desagradável sintoma nesta seção.

Em primeiro lugar, um resfriado pouco tem a ver, e talvez até não tenha qualquer relação, com os vírus ou micróbios contagiosos. Assim sendo, você não *pega* um resfriado de outra pessoa a não ser que esteja mental e emocionalmente predisposto a fazê-lo. Essa predisposição inclui estar num estado emocional semelhante, ou acreditar que o contato com a pessoa doente poderá fazer com que você fique resfriado.

Acreditar que correntes de ar, pés molhados, tempo frio ou ficar encharcado por uma chuva causam resfriados também pode provocá-los. No máximo, essas circunstâncias em si mesmas podem causar apenas desconforto. Contudo, atrevo-me a dizer que a maioria dos sintomas de resfriado são substitutos, ou repressões, do simples ato de chorar.

Pense a respeito da semelhança que existe entre os efeitos: nariz escorrendo ou entupido, seios nasais obstruídos, olhos lacrimejantes, sensação de aperto na garganta, tosse ou peito soluçante. O choro é muitas vezes uma reação natural a sentimentos de desamparo e frustração. Quando essa reação natural é reprimida por causa de idéias do tipo "os homens não choram", "chorar é um sinal de fraqueza e eu me recuso a ser fraco", e outras semelhantes, surgem as condições ideais para um resfriado, Os sintomas do resfriado podem ser atenuados com um bom choro, mas um método ainda mais rápido é reconhecer o sentimento de desamparo e a frustração, perceber as idéias que estão por trás dele, e mudá-las. Quando isso é feito de forma rigorosa, os sintomas de resfriado podem desaparecer em minutos. Na minha família, onde todos aprendem que sempre existe uma ação positiva que pode ser empreendida em qualquer situação, há anos ninguém tem um resfriado. Não obstante, é importante frisar que, além das crenças a respeito de como surgem os resfriados e dos sentimentos reprimidos e frustração, um resfriado pode ter o objetivo prático de fornecer uma oportunidade de descanso do trabalho ou de relacionamentos. Nesse caso, a melhor coisa a fazer talvez seja simplesmente vivê-lo até o fim, embora o sofrimento seja desnecessário.

Outros problemas nasais que podem estar relacionados com o choro reprimido são os espirros constantes, o gotejamento pós-nasal (o choro ao contrário), a sinusite crônica, e as hemorragias nasais espontâneas.

A Garganta

A ligação da garganta com o choro já foi mencionada, mas ela também é o canal através do qual recebemos o alimento no nosso sistema. Temos a tendência simbólica (para a

Mente Diretora, mas literal para a Mente Ativa) de associar o alimento às idéias, como é comprovado pelas expressões "alimentar idéias", "você espera que eu engula isto?", "você está me fazendo engolir uma porção de conversa fiada", "esta idéia é intragável", e "ele foi forçado a engolir as idéias erradas". A garganta, portanto, bem como as glândulas e os órgãos vizinhos, podem ficar inflamados e doloridos como uma reação reprimida a idéias inaceitáveis. A repressão decorre do fato de termos medo de acreditar que é errado exprimir oralmente essa não-aceitação.

No sentido oposto, os problemas da garganta também podem representar uma reação a uma vivência sufocante. É da garganta que saem os sons da fala, da paixão e do sofrimento; e quando estes se acumulam, a garganta pode ficar inflamada se tiverem sido reprimidos com a ordem de "não agir". Um rapaz de quem eu tratei estava com uma contração tão forte na garganta que lhe foi recomendada uma hospitalização. O diagnóstico foi que o seu problema era resultante de um trauma físico que experimentara na semana anterior, quando um amigo o havia agarrado fortemente pela garganta durante uma discussão. O rapaz me revelou que não havia nem mesmo censurado o amigo; ele simplesmente silenciara a respeito do assunto. Antes que se internasse, eu o ajudei por algumas horas com técnicas de relaxamento, encorajando-o também a expressar seus sentimentos acerca do incidente, assegurando-lhe que não era sinal de fraqueza agir desse modo. Nesse período, ele liberou seus sentimentos e expressou sua profunda mágoa com grandes soluços, enquanto eu lhe dava o meu apoio. Depois disso, ele dormiu durante toda a noite e pela manhã estava perfeitamente bem. Se essas duas horas não o tivessem ajudado, eu o teria enviado para o hospital com a minha bênção, mas no seu caso, felizmente, isso não foi necessário.

A amigdalite e a tumefação das glândulas linfáticas e salivares na garganta também podem ser causadas por uma repressão semelhante. A primeira vez que tive amigdalite foi quando estava no Corpo de Fuzileiros Navais e senti que havia sido injustamente repreendido durante um exercício de treinamento e não me permitiram defender-me (minha competência tinha sido questionada). Nessa ocasião, fui tratado com antibióticos, mas usei com sucesso as técnicas da Imaginação Ativa para a criação de imagens em alguns acessos posteriores. Entretanto, os antibióticos podem ser muito úteis no tratamento da amigdalite ou das infecções da garganta, de modo que você não deve desprezá-los nem recusá-los precipitadamente. Use sempre aquilo que funciona, embora você vá perceber que em geral os remédios atuam melhor quando aliados à criação de imagens pela Imaginação Ativa.

O Pescoço

Neste caso, direi apenas algumas palavras com relação ao enrijecimento e à dor no pescoço.

Quando criança, eu era muito teimoso, um moleque cabeça-dura que não gostava de se sujeitar a opiniões que considerasse erradas. Desse modo, eu sofria de torcicolos freqüentes. Numa determinada ocasião, que se sobressai em minhas lembranças, fui enviado para uma escola primária na Califórnia, por insistência de minha mãe, muito bem vestido com terno e gravata. É desnecessário dizer que o traje era absolutamente inadequado, como também é desnecessário comentar que a rigidez se concentrou no lado esquerdo do meu pescoço. Hoje em dia continuo teimoso, mas não tenho medo de demonstrar isso.

Uma dor no pescoço pode ser não apenas uma dor no pescoço mas também uma reação diante de uma pessoa ou situação extremamente desagradável. Essa dor decorre invariavelmente de tensão, sendo amiúde agravada ou causada por freqüentes declarações ou pensamentos de que a pessoa ou situação é aquilo que estamos sentindo. Minha mulher costumava ter dores no pescoço sempre que precisava dirigir numa autopista congestionada. Ela poderia ter usado a Imaginação Ativa e criado imagens, conseguindo resolver com êxito a situação, apenas mudando sua atitude com relação a congestionamentos, mas escolheu uma alternativa também muito eficaz: ela evita os tais congestionamentos.

Os Ombros

Os ombros são uma parte surpreendentemente expressiva da nossa anatomia. Um simples encolher de ombros pode estar querendo dizer, "Quem sabe?", "O que posso fazer?" ou "E daí?" Um leve girar do ombro pode indicar a uma pessoa que sua companhia não nos agrada. E uma rotação de ombros da parte de uma moça bonita pode significar um acolhimento bastante íntimo. Os ombros também podem ser um espelho dos nossos sentimentos e crenças habituais a respeito da vida. Ombros "quadrados" transmitem uma atitude de confiança na própria capacidade para lidar com qualquer coisa. Ombros altos e retos demonstram que a pessoa se encontra num estado crônico de medo, como se estivesse esperando ser atacada por trás a qualquer momento. Ombros excessivamente curvos dão a impressão de que a pessoa acredita que a vida é uma carga por demais pesada. Ombros dobrados para a frente, como os de um pugilista, revelam que a pessoa se encontra num estado de constante prontidão para o ataque. Certo parente meu tem os ombros excessivamente curvos e dobrados, o que indica que, do seu ponto de vista, a vida é uma luta muito árdua. Ombros que estão o tempo todo puxados para trás parecem mostrar que a pessoa está fazendo um enorme esforço para não atacar. O curioso é que essa postura se faz em geral acompanhar de um queixo agressivo e projetado para a frente, como se estivesse convidando a outra pessoa a agredir primeiro.

Um número surpreendente de pessoas não tem uma liberdade de movimentação nos ombros. Numa ocasião em que dei aulas sobre uma técnica polinésia de "meditação em movimento" denominada *Kalana*, reparei que boa parte dos alunos tinha grande dificuldade em afastar os braços do corpo com movimentos soltos. Foi como se sentissem uma permanente necessidade de manter os braços protetoramente perto de si. Ao observar as pessoas de um modo geral, este parece ser um hábito corrente e serve como indício óbvio de que existem entre nós muitos indivíduos amedrontados. É a tensão crônica no ombro que inibe o balanço livre dos braços. Quanto mais confiante a pessoa, mais facilidade ela terá para usar os braços em movimentos amplos.

É a partir dos ombros que estendemos nossos braços adiante para alcançar as pessoas e as coisas, para dar um abraço afetuoso, para golpear quando irados. Quando a força emocional desses impulsos é contrariada, o resultado pode ser uma forte inibição do movimento, a dor, e/ou bursite. As técnicas de relaxamento podem fazer maravilhas, mas o trabalho adequado com as idéias conflitantes pode impedir que o problema aconteça novamente.

Os Braços

Os problemas com os braços giram basicamente em torno do cotovelo. Como em todas as articulações, o enrijecimento ou o inchaço podem ser o produto de um pensamento inflexível. No caso do cotovelo, isso pode estar relacionado com uma resistência na área da realização ou do senso de competência da pessoa. Pode também significar uma resistência a "ser expulso às cotoveladas" de alguma situação, ou um conflito com relação a "abrir o caminho a cotoveladas". A pessoa poderá até mesmo estar relutante em "dar duro" em alguma situação que ela sabe que precisa ser trabalhada.

Os braços em si estão extremamente sujeitos a irritações da pele, como brotoejas, pruridos, furúnculos, etc. Pergunte a si mesmo se alguém ou alguma coisa o está irritando, se você acha que está sendo excessivamente precipitado a respeito de algo, se você está "sentindo cócegas" para bater em alguém ou para realizar alguma coisa, mas está se sentindo frustrado, ou ainda se está fervendo por dentro. Podem ocorrer problemas de pele em qualquer parte do corpo quando conflitos interiores vêm à tona. Nos braços, eles estarão basicamente relacionados com idéias ligadas à competência, ao reconhecimento e à realização.

As Mãos

Estes fantásticos apêndices possuem uma inacreditável gama de expressão e utilidade. As mãos podem de fato expressar nossos pensamentos através da literatura, da arte, da música, da linguagem por sinais e dos gestos. Há vários anos assisti a uma peça na qual um homem e uma mulher se conheceram, se apaixonaram, foram tragicamente separados um do outro, e por fim, mais tarde, alegremente tornaram a se unir. O extraordinário a respeito da peça é que toda ela foi apresentada sem palavras ou acessórios, e que os personagens principais foram duas mãos.

As mãos podem ser usadas para construir ou destruir, para acariciar ou esmurrar, para dar ou agarrar, para segurar ou soltar, para investigar ou recusar. Através da sua forma e das suas linhas, elas podem oferecer indicações sobre a idade, o sexo, a personalidade e a profissão da pessoa. Em virtude de sua incrível versatilidade, elas estão sujeitas a uma grande variedade de conflitos mentais, que se concentram todos, basicamente, em torno da comunicação e da realização.

A circulação deficiente que resulta em mãos cronicamente frias pode estar relacionada com um conflito entre o desejo e o medo de esticar o braço para tocar alguém. Mãos suadas estão mais ligadas ao medo de cometer erros ou parecer tolo (incompetente). As cãimbras, ou outros problemas, podem decorrer da resistência a "dar uma mão a alguém" ou a aceitar o que nos é dado. Ou pode ainda haver um conflito a respeito da capacidade de "lidar" com as coisas. Conheço uma mulher que feriu os dois polegares logo depois de perguntar a si mesma por que estava perdendo o controle das coisas.

As pessoas que usam intensamente as mãos em seu trabalho, como os escritores, os músicos e os artistas, podem sofrer fortes cãimbras se estiverem em conflito com relação à sua habilidade ou àquilo que estão transmitindo. Li a respeito de um caso no qual um homem que se considerava basicamente um artista teve uma forte cãimbra enquanto escrevia, em decorrência da culpa de não usar seu meio "normal" de expressão *e* por não ser capaz de manter uma comunicação verbal com sua mãe.

A artrite, uma inflamação dolorosa das articulações, é um problema muito comum nas mãos. Foi descoberto que o paciente artrítico típico possui uma personalidade mais ou menos rígida, perfeccionista e controladora (embora o controle possa amiúde ser exercido de forma sutil). Temos aqui a inflexibilidade, a intensa autocrítica e a crítica às outras pessoas reprimidas e refletidas nas mãos. As técnicas de relaxamento são muito úteis por algum tempo, mas uma mudança de atitude pode eliminar totalmente o problema. Testemunhei uma extraordinária transformação nas mãos de uma mulher que começou a usar declarações afirmativas sobre sua competência e valor, aliadas ao uso de métodos de relaxamento.

Além de tudo, as mãos ainda possuem um tremendo potencial para emitir energia de cura. Você encontrará na Parte III algumas maneiras de realizar isso.

Capítulo 9

2ª Região – O Centro da Identidade

O Tórax

É na região do tórax, entre o diafragma e o pescoço, que colocamos subconscientemente a nossa identidade. Estou ciente de que quando, por algum acaso, pensamos nisso, quase todos nós achamos que nossa "mente" está na cabeça, mas o nosso senso espontâneo de identidade está um pouco mais embaixo. Se você algum dia já assistiu a um antigo filme de Tarzan, talvez se lembre do herói dizendo "Mim Tárzan", enquanto bate no peito. Isto não se deve ao fato de ele ter sido criado por gorilas. A coisa mais natural para os seres humanos é tocar no peito ou apontar para o peito ao enfatizar que "Eu" estou expressando uma opinião, ou que "Eu" tenho uma certa importância, ou que "Eu" estou me sentindo particularmente feliz (no último caso, em geral são usadas as duas mãos). Esse tipo de gesto de identidade atravessa todas as barreiras culturais. Seria igualmente fácil apontar para a cabeça, mas não o fazemos. É como se, no nível biológico, nossa identidade estivesse dentro do nosso peito. Na verdade, o mesmo também é válido no nível emocional e no das crenças.

Uma vez que esse é um centro de identidade, é nele que o corpo abriga as idéias relacionadas com o valor individual, com a rejeição, com a compaixão (a identificação com as outras pessoas), com a auto-afirmação, com o orgulho ou com a humildade. Em seu sentido mais amplo, podemos incluir a integridade, ou nosso senso de continuidade como um ser global. Os sentimentos mais comumente associados a essa região são o prazer (que muitas pessoas chamam de amor), e o medo (quer de uma perda ou da própria vida). O primeiro tipo em geral é muito sensível emocionalmente, enquanto que o último é bastante insensível, ou pelo menos tenta ser. Não é por acaso que uma "boa postura militar" requer um peito estufado, porque para os soldados profissionais a insensibilidade é uma virtude.

Os Seios

Uma das declarações mais execráveis que já ouvi em minha vida foi pronunciada por um cirurgião há cerca de um ano. Ele achava que todas as meninas deveriam se submeter a minimastectomias logo após o nascimento para que não houvesse o perigo de terem câncer de seio ao crescer. Este é um exemplo extremo de até onde a lógica mecanicista pode chegar. O corpo é uma máquina; portanto, devemos fazer nele ajustes mecânicos antes que qualquer coisa saia errada. O mais aterrorizante é que ele falava a sério.

O câncer do seio ocorre basicamente nas mulheres e representa um efeito direto dos conflitos relacionados com seu valor pessoal. Ele está intimamente vinculado à repressão dos sentimentos ligados a um extremo receio da rejeição. Essas mulheres têm uma grande e típica dificuldade para expressar as emoções, não apenas por estarem com medo dos sentimentos, mas também por temerem as idéias existentes que estão por trás deles. Uma das principais é "Valho tão pouco que ninguém me aceitaria se me conhecesse mesmo." Mas se elas de fato acreditassem totalmente na sua completa inutilidade, o problema seria bem menor. O que acontece é que, na nossa sociedade, as mulheres são ao mesmo tempo enaltecidas e desprezadas. E um dos efeitos dessa idéia pode ser o conflito do tipo "Não tenho valor/tenho valor". Em apoio ao aspecto positivo está o conhecimento biológico e espiritual profundo de que temos valor simplesmente porque existimos. O aspecto negativo é realçado por muitas coisas, entre as quais se encontram os conceitos religiosos que negam o valor individual e o valor das mulheres em particular. À guisa de exemplo, parece óbvio que bater durante anos a fio no peito e dizer "Senhor, não sou digna" ou "Senhor, sou uma pecadora sem valor" causará *alguns* efeitos naquilo que a pessoa acredita a respeito de si mesma. Embora nem toda mulher com câncer no seio possa estar sujeita a esse condicionamento em particular, os mesmos tipos de crenças apoderaram-se do seu ser.

O câncer é uma doença de extrema tensão crônica, o resultado final de um longo conflito. De certa maneira, é uma auto-rejeição, porque quase sempre uma grande sensação de culpa está envolvida, aliada a fortes sentimentos de desamparo, de frustração, e a uma intensa sensação de incapacidade para controlar os vários aspectos da vida. Ora, o que é que realmente não podemos controlar na vida? O comportamento das outras pessoas (podemos influenciá-lo, mas não controlá-lo), os acontecimentos passados, e os eventos futuros. É típica em pacientes com câncer a crença de que o mundo é um lugar de tal modo perigoso que precisa ser controlado; ao mesmo tempo, porém, eles não acreditam que sejam capazes de fazê-lo. Ainda assim, precisam tentar porque acreditam que isso é necessário em nome da sobrevivência. Assim sendo, o conflito do corpo torna-se "Devo controlar/Não consigo controlar". Esse controle normalmente inclui tentativas de controlar também as próprias emoções, uma vez que emoções "descontroladas" não são apenas assustadoras, como também podem fazer a pessoa se sentir fraca e vulnerável. Num mundo perigoso, isso pode ser extremamente ameaçador. O câncer é curado, não quando uma parte do corpo é retirada ou destruída por substâncias químicas ou pela radiação, e sim quando a pessoa deixa de acreditar na necessidade do controle pessoal, ou se convence de que pode de fato dar conta de sua vida.

Quando a sensação de ameaça não é tão extrema, podem ocorrer tumores benignos em vez do câncer.

Os Pulmões

A respiração é quase que um símbolo universal da vida, e os pulmões são o centro dos nossos desejos e vontade de sentir mais a vida, de nos expandirmos e de compartilhar a vida com as outras pessoas. Por conseguinte, eles também são o centro dos nossos temores a respeito dessas coisas.

Os asmáticos possuem em geral uma série de receios relacionados com o que foi dito acima. Posso afirmar tais coisas por experiência pessoal, porque sofri de bronquite asmática quando criança. Enquanto crescia, fui eliminando esses sintomas; porém anos mais tarde, num seminário de fim de semana destinado a pôr a pessoa em contato com suas áreas de conflito emocional, tive uma tremenda experiência de alívio na região do peito. Junto com fortes soluços, senti e manifestei uma incrível sensação de "estar bem" (valor pessoal) e uma onda de amor por todas as pessoas. O que aconteceu foi a resolução dos conflitos que me haviam impedido de expressar integralmente esses sentimentos o tempo todo. A partir de então, em caráter experimental, tenho podido induzir parcialmente os antigos sintomas da infância revivendo as idéias que eu tinha quando criança. Tão logo eu transformo as idéias, os sintomas desaparecem.

Apresento abaixo alguns dos conflitos típicos que uma pessoa asmática pode experimentar:

- a necessidade de dependência (que começa em geral com um dos pais) e um desejo de independência;
- estar em desarmonia com o meio ambiente;
- o desejo e o medo da auto-afirmação (o medo é porque as outras pessoas podem se opor à sua atitude ou rejeitá-la);
- medo de não fazer o que os outros querem ou esperam que você faça e o ressentimento por ser manipulado;

- a culpa decorrente de não corresponder às expectativas;
- a perda de um ente querido ou a rejeição por parte de outras pessoas.

Os asmáticos também são propensos a sentir a síndrome do aniversário. Quando os conflitos não são tão graves, o resultado pode ser simplesmente uma "dor" não específica no peito.

Fumar certamente polui os pulmões, mas estou convencido de que o fumo por si só não causa o câncer. Este resulta de conflitos emocionais semelhantes aos já discutidos antes. Como a respiração superficial é amiúde uma defesa contra os sentimentos de medo, creio que o fumo pode ser uma espécie de compensação inconsciente para fornecer a oportunidade de uma respiração mais profunda. Esta última também induz o relaxamento, de modo que os fumantes que tentam abandonar o vício podem ficar irritados e tensos por estarem voltando à respiração defensiva superficial. Quando os conflitos do medo forem resolvidos, a necessidade habitual de fumar diminuirá ou desaparecerá. É por esse motivo que algumas pessoas conseguem parar de fumar da noite para o dia e que outras passam por uma verdadeira agonia, talvez em parte como uma forma de autopunição e justificação. É claro que reconheço que o fumo também pode estar relacionado a uma forte necessidade de manter as mãos ocupadas, a um prazer oral, ao conforto de um ritual familiar e à pressão do círculo social.

À guisa de comentário final sobre o câncer no pulmão, alguém muito chegado a mim morreu desse mal, e logo depois fiquei estupefato ao ler num livro sobre psicossomática que a pessoa com câncer no pulmão terá tipicamente perdido um dos pais antes dos quinze anos, terá tido problemas conjugais e experimentado frustração profissional. Essa pessoa tinha passado pelas três coisas, e eu sei que morreu de desesperança, e não de câncer. Entretanto, o câncer não ocorre de forma automática todas as vezes em que estas condições estão presentes, mas estas criam um contexto do qual a desesperança pode se apoderar.

O Coração e o Sistema Circulatório

Na literatura, na fala, na música, o coração está associado a sentimento de amor, compaixão, luto, rejeição, anseio, à necessidade de pertencer a alguém, e ao medo. Você "entrega seu coração" a alguém que ama (ou o deixa em locais como San Francisco*), e você sente uma "dor no coração", ou fica "com o coração partido", se esse amor não é correspondido. Se você for piedoso, tem um "coração grande"; caso contrário, poderá "não ter coração" ou talvez digam que você tem um "coração duro" ou um "coração de pedra". Uma grande perda poderá "partir o seu coração", e você poderá "agradecer de todo o coração" a alguém boa com você. Se estiver com medo, seu coração poderá falhar ou dar a impressão de que vai saltar pela boca. Todos esses sentimentos possuem seus reflexos biológicos.

O coração é um músculo e, como tal, está sujeito a tensões agudas ou crônicas. As pessoas com problemas cardíacos costumam tentar bloquear os sentimentos de compaixão ou rejeição. A compaixão pode ser bloqueada porque corre o risco de ser interpretada como sinal de fraqueza, em especial pela pessoa que acredita que o mundo é perigoso e que ela precisa ser implacável (sem compaixão) para vencer na vida. É provável que o mais comum seja a pessoa que reprime o medo da rejeição e tenta desesperadamente comprar amor ou aceitação através da realização pessoal ou do acúmulo de dinheiro e de bens materiais. Essa pessoa costuma ser descrita como personalidade do "Tipo A", e se caracteriza por uma compulsiva necessidade de justificar seu valor de forma material, porque de outro modo ela se sentiria inútil – indigna de amor. Dizer a essa pessoa para relaxar e "ir com calma" pouco adianta até que ela comece a acreditar que não precisa demonstrar o seu valor através do que faz para agradar os outros. Quantas vezes uma pessoa desse tipo procura com tal

---

* Menção à canção americana "*I left my heart in San Francisco*".

intensidade provar o seu valor que acaba não dando atenção, e portanto perdendo, o amor daqueles por quem está fazendo tudo isso. E às vezes ela está tentando comprar o amor de pais que há muito já se foram ou que se recusam a ficar impressionados por qualquer coisa. O que a maioria dos pacientes cardíacos precisa é de adotar uma perspectiva de vida totalmente nova, livre da crença na rejeição, que então é substituída por uma verdadeira auto-estima.

O sistema circulatório está naturalmente ligado ao coração e sujeito a doenças como a hipertensão, a anemia e a leucemia. O ponto comum dessas três enfermidades é que estão associadas a crenças de fraqueza, de incompetência e desamparo, e a pessoa sente uma raiva enorme por ser tratada dessa maneira. A raiva dirigida contra si mesmo por não ser capaz de controlar melhor as coisas também faz parte do quadro. Essas pessoas são em geral extremamente manipuladoras e se ressentem ao serem manipuladas. A leucemia, em particular, costuma surgir logo depois de uma perda importante como a de um dos pais ou de um cargo profissional, que se faça acompanhar de intensos sentimentos de frustração porque a pessoa se sente incapaz de fazer qualquer coisa a respeito. As pessoas com estes problemas em geral são incapazes de expressar com facilidade suas emoções. Se pudessem fazê-lo, reduziriam consideravelmente a tensão.

O Alto das Costas

Enquanto o peito é o local onde em geral nos sentimos rejeitados pelas outras pessoas, é nas costas que freqüentemente exercemos a rejeição. Isso acontece, por exemplo, quando você "dá as costas" para alguém. Podem surgir sintomas nessa região quando você está em conflito a respeito de recuar diante da agressividade de alguém, quando está segurando alguma coisa que na verdade acha que deveria dizer, ou quando está deixando de oferecer ajuda ou apoio. Os sintomas nessa região talvez ocorram com mais freqüência quando você está se sentindo desmedidamente importunado e quer que alguém o deixe em paz. A pele das costas de um rapaz que conheço, e sei que se sentia dessa maneira, esteve coberta de vergões vermelhos e espinhas até ele sair de casa e começar a se virar sozinho. Veja bem, não é a ação de importunar que causa esses sintomas, mas a recusa em expressar os sentimentos a respeito de ser importunado, além, é claro, da crença de que se está sendo importunado.

O Diafragma

O diafragma é uma membrana divisória ou camada de músculos e tendões que separa a caixa torácica do abdômen. Sua função normal é ajudar na respiração, mas muitas pessoas o usam para inibir a respiração e os sentimentos de medo que pode estar tentando vir até ali, procedente de regiões mais baixas. Quando isso ocorre, o diafragma fica esticado como o couro de um tambor, algumas vezes a ponto de a pessoa esquecer completamente como é respirar profundamente.

No ciclo da respiração livre e profunda, é perfeitamente natural que a parte superior do estômago se projete um pouco durante uma parte do ciclo. Isso só é possível quando permitimos que o diafragma relaxe. Se o diafragma estiver cronicamente retesado, não seremos capazes de respirar de acordo com a nossa capacidade total. No plano biológico, isso reduz nosso suprimento de oxigênio. No plano emocional, nos impede de vivenciar sentimentos desagradáveis. No plano mental, representa uma tentativa de exercer o autocontrole. As pessoas com quem trabalhei e que induzem a respiração profunda de forma consciente, a ponto de relaxar a tensão do diafragma, relatam que começam primeiro a ter uma sensação horrível de estarem "se desintegrando", e depois uma enxurrada de emoções e lembranças que parecem esmagá-las. Depois que tudo passa, elas dizem que se sentem "aliviadas", como depois de um bom choro.

Existem muitas técnicas diferentes para liberar a tensão do diafragma, mas a melhor que conheço é o riso. Uma boa gargalhada irá sacudir o seu sistema inteiro e liberar uma enorme quantidade de tensão acumulada. O riso vem sendo chamado de "o melhor remédio", e com muita razão. Ele purificará seu sistema muito melhor do que o choro ou as drogas. E dentre todas as coisas de que podemos rir, nós somos a mais engraçada.

Capítulo 10

3ª Região – O Centro da Segurança

Estou incluindo nesta região o abdômen, a pelve e a região lombar. Trata-se de um centro de impulsos primários e instintivos de algum modo relacionados com o nosso senso de segurança, de amparo e de partilha do nosso mundo físico com outras pessoas. Está relacionado com o afeto e à falta dele, bem como com a possessividade e o apoio.

O Estômago

Esta é a área que mais lida com o impulso instintivo da fome. O estômago recebe e digere os alimentos, e quando fica muito vazio chega a doer, o que é uma mensagem para que façamos alguma coisa a respeito. A ingestão de comida é um dos primeiros prazeres que experimentamos neste mundo, e encher o estômago produz uma sensação de relaxamento, de conforto e segurança. Entretanto, como já mencionei antes, a comida representa outras coisas além de nutrição.

Uma vez que dependemos de que outras pessoas nos forneçam alimento quando somos pequenos, seu efeito sobre o estômago fica associado a quanto os outros se importam conosco. Essa preocupação passa a equivaler à sobrevivência ou segurança, porque precisamos nos alimentar para viver. Por conseguinte, torna-se realmente possível "ter fome" de afeto. Quando isso acontece, as pessoas que julgam que não obtêm, ou que não conseguem obter afeto suficiente para satisfazê-las, agem em geral de duas maneiras. Uma consiste em substituir o afeto por comida, e esta costuma ser uma das causas mais comuns da obesidade. A obsessão por doces que muitas pessoas gordas sentem ocorre porque, na linguagem da comida, os doces equivalem, mais do que qualquer outro tipo de alimento, ao afeto. As pessoas que anseiam por doces, anseiam por afeto; é realmente simples assim. Uma vez que comer em excesso é um substituto, o verdadeiro sentimento é suprimido e essas pessoas se recusam a admitir para si mesmas ou para os outros o que desejam de verdade. A segunda maneira é encolher "inconscientemente" o estômago para que menos comida/afeto seja preciso, o que pode fazer com que a pessoa fique excessivamente magra. Trata-se de uma tentativa de refutar a necessidade afetiva para que o senso de segurança pessoal seja menos ameaçado, mas mesmo assim ainda se trata de uma situação de tensão.

A Comida

A comida também representa segurança material, e é por isso que os conflitos profissionais e a ausência de satisfação no emprego estão freqüentemente envolvidos nos problemas do estômago. Pense na frase "Ele não tem estômago para esse tipo de trabalho". Quando o emprego ou a segurança financeira está "devorando" alguém, pode também estar roendo a parede do estômago na forma de uma úlcera. Os problemas de estômago também podem ser causados pelo medo de perder suas posses. É claro que se você pensa que determinadas pessoas do seu convívio lhe pertencem, qualquer ameaça de que talvez não vá ter mais sua presença pode perturbar o seu estômago. Os sentimentos associados a essa possível perda são o que chamamos de ciúme, embora este possa estar ligado também ao medo da rejeição. A inveja, ou seja, a idéia de que você deveria ter o que outra pessoa tem, também pode perturbar o seu estômago.

A comida representa idéias, e é por isso que existem ditados do tipo "Não tenho estômago para agüentar as opiniões dele", "Este é um pensamento repugnante", e "Está difícil engolir o que você disse". É nauseante pensar no que às vezes podemos fazer a nós mesmos, não é verdade?

A Vesícula Biliar

A função desse órgão é receber do fígado uma substância amarga denominada bile e transferi-la para o intestino delgado para ajudar a decompor a gordura da comida. Os componentes emocionais estão relacionados com os significados adicionais da palavra "bile" ou "fel". Falamos de uma pessoa extremamente irritante, ou de alguém muito petulante, como alguém "azedo"; a bile já é há muito tempo associada à amargura e à raiva. Quando permitimos que esses sentimentos de amargura com relação a uma outra pessoa se acumulem por força da repressão, eles podem se transformar em pedra na vesícula (cálculo biliar), uma maneira extremamente dolorosa de o corpo lhe dizer que você tem de mudar o seu modo de pensar.

O Intestino

Esse órgão completa o processo da digestão e prepara os resíduos para serem eliminados. Ele atua como área de contenção, e é dessa maneira que ele se manifesta emocionalmente com mais freqüência. Talvez você já tenha ouvido falar em crianças pequenas que prendem a evacuação como uma forma de frustrar suas mães. Bem, os adultos fazem a mesma coisa como uma maneira de se agarrar às situações ou às pessoas. O resultado é ou a constipação crônica, úlceras intestinais, ou algum outro tipo de problema. Como não podem realmente controlar a situação externa, tentam controlar um substituto. Quando aprendem a deixar que as coisas sigam o seu rumo sem procurar interferir, o corpo passa a funcionar normalmente de novo.

O intestino é o repositório de uma série de sentimentos também relacionados com o afeto e com a segurança. A "pança" não é, em geral, o estômago e sim o intestino dilatado nas pessoas que têm dificuldade para expressar seus verdadeiros apetites. As hérnias intestinais resultam de conflitos de tensão a respeito das mesmas idéias. O intestino e os sentimentos a ele associados também fazem parte dos ditados populares, como na expressão "fazer das tripas coração".

A irritação do reto e as hemorróidas decorrem de nos agarrarmos excessivamente a coisas e pessoas que parecem estar escapando de nós. A diarréia é mais um caso de tentarmos nos livrar desesperadamente daquilo de que não gostamos, ou de fugir de uma determinada situação. Acho que foi exatamente isso que aconteceu com todos nós quando tivemos diarréia em nosso primeiro acampamento como recrutas. E suspeito que, quando o problema acontece com turistas que estão longe de casa numa terra estranha, ele está na verdade refletindo uma aversão semiconsciente pelo ambiente que os cerca. Durante os sete anos em que percorri a floresta africana, não tive diarréia nem uma única vez. Adorei a aventura. O problema aconteceu quando voltei para a cidade, para trabalhar de novo no meu escritório.

O apêndice é uma extensão do intestino em forma de dedo que se destina a captar venenos. Com base no trabalho que tenho realizado com várias pessoas que tiveram apendicite, sou de opinião de que, à semelhança dos cálculos biliares, essa inflamação ocorre após um longo período de repressão da amargura com relação a alguém ou a alguma coisa. Pelo menos uma determinada mulher foi capaz de estabelecer uma clara ligação entre seu ataque de apendicite e os dois anos em que alimentou sentimentos muito amargos com relação a um certo homem.

O Fígado

O fígado tem a função de armazenar açúcar, fabricar a bile e filtrar alguns venenos, eliminando-os do sangue. Ele também pode ser o depósito de uma grande quantidade de raiva reprimida, relacionada com afetos frustrados e com a falta de amor por si mesmo. As pessoas que se fartam de comidas muito temperadas e suculentas e que consomem muito álcool para mascarar suas frustrações geralmente sofrem do fígado.

A ingestão excessiva de bebidas alcoólicas exerce um efeito altamente prejudicial no fígado e participa de uma complexa síndrome emocional. As pessoas não bebem demais por terem propriamente se viciado em álcool. Elas o fazem porque o álcool lhes fornece algo que acreditam precisar para sobreviver: a liberação temporária de uma tensão insuportável, em decorrência do seu efeito relaxante. Ele fornece um substituto para o afeto porque se transforma em açúcar, no sangue; e provoca um entorpecimento que ajuda a proteger a pessoa dos sentimentos que ela teme constatar. O fígado fica comprometido não apenas por não poder suportar a sobrecarga tóxica, mas também porque está sujeito às tensões emocionais que dão origem ao anseio pelos benefícios do álcool. Pensa-se normalmente que o alcoolismo não pode ser curado por ser um vício físico, e que a única solução é a abstinência total. Existe, entretanto, um médico na Califórnia que afirma que consegue curar alcoólatras ajudando-os a alterar as crenças que deram origem aos conflitos emocionais que estão por trás do problema. Ouvi dois de seus antigos pacientes conversarem a respeito de sua cura e ambos afirmaram não sentir mais nenhuma necessidade de beber, mas que ingerem ocasionalmente um drinque quando sentem vontade de fazê-lo. Uma vez resolvido o conflito, desaparece a necessidade do excesso de álcool para mascará-lo. O alcoolismo pode ser curado por ser um vício emocional, e não físico. A chave é a disposição e o desejo de mudar as crenças que causam a depressão da raiva e do ressentimento.

O excesso de alimentação que leva à obesidade é surpreendentemente semelhante ao alcoolismo nos seus efeitos e causas. O fígado é mais uma vez afetado porque fica sobrecarregado, e é um centro de tensão. Como já foi mencionado, a comida atua como um relaxante, ajudando a aliviar temporariamente a tensão e servindo como um substituto para o afeto. A gordura pode servir para muitas coisas. Uma delas é agir como uma espécie de "almofada de segurança" para prevenir a carência material/emocional. Ela também é energia armazenada – energia emocional que se baseia em geral numa grande dose de raiva e ressentimento. Essa energia pode assumir a forma de medo e, nesse caso, a gordura funciona como um "amortecedor", uma espécie de armadura que mantém os outros a distância, mesmo quando a pessoa anseia com desespero por intimidade. E, em alguns casos, ela é usada para aumentar a importância e a presença social da pessoa, e funciona como um símbolo de poder e do desejo de "bancar o importante".

Os Rins e a Bexiga

Esse par de órgãos, cada um deles encimado por uma glândula supra-renal, está envolvido com a filtragem do sangue e com a conversão dos resíduos em urina. A medicina oriental considera que os rins, bem como as supra-renais, têm uma relação direta com a função sexual. Inclino-me a concordar com essa opinião, uma vez que a urina é expelida através dos órgãos sexuais e que a consciência do corpo efetivamente se relaciona consigo mesma em termos de similaridades funcionais. Isso quer dizer que é provável que os problemas renais estejam estreitamente associados aos conflitos emocionais de ordem sexual. Embora isso ainda seja apenas uma especulação, você pode ficar certo de que as repressões emocionais típicas da 3ª Região fazem parte do quadro. Com base nos casos de pessoas com quem tenho trabalhado, estou mais certo de que a bexiga, onde a urina oriunda dos rins é armazenada, está ligada a idéias sobre sexo, e que muitas vezes as infecções nesse órgão se devem à tensão resultante da repressão de sentimentos sexuais.

O Pâncreas e o Baço

Esses dois órgãos segregam hormônios que modificam a composição do sangue, em particular seus níveis de açúcar e insulina. A repressão envolvida é em geral uma raiva intensa em resposta à perda ou à ameaça de perda do afeto e da segurança. O diabético típico, por exemplo, é uma pessoa muito raivosa que tem tanto medo dessa raiva que a mascara com uma aparente docilidade e desamparo. Não é de causar surpresa que ela também anseie por comida (que sabemos ser um substituto da afeição), e que amiúde guarde um profundo ressentimento contra os pais por não lhe darem tanta afeição quanto a que desejava. A hipoglicemia, um mal que é às vezes chamado de o oposto do diabetes, pode resultar de repressões e conflitos semelhantes, embora expressos de uma maneira diferente. O baço há muito tempo é associado à raiva, e é muito melhor expressá-la do que retê-la, para a saúde desse órgão.

A Região Lombar

Você alguma vez já se desdobrou para ser agradável com alguém que não reconheceu seu gesto? Em caso afirmativo, você também pode ter contraído uma dor lombar. A dor, nesse caso, é causada na maioria das vezes por você estar segurando o ressentimento com relação a alguém que está ameaçando a sua segurança ou o seu meio de vida. Ela também pode surgir em decorrência de uma tentativa inconsciente de se afastar de alguma coisa que você não quer fazer. Tive certa vez uma dor muito forte na região lombar que me manteve imóvel durante horas e que, "por coincidência", fez com que eu perdesse meu emprego de atirar sacos de cimento dentro da carroceria de um caminhão. Não estabeleci essa conexão na época, mas certamente fiquei feliz por não ter que voltar ao trabalho. A massagem, as aplicações de calor, as meditações de relaxamento e, especialmente, a resolução do conflito são bem melhores para esse tipo de problema do que os remédios.

Os Órgãos Sexuais

Como você talvez possa suspeitar, os problemas com os órgãos sexuais ou com a função sexual estão relacionados com o medo, com sentimentos de culpa e com ressentimentos relacionados com o sexo e com as relações sexuais. Isto é bastante óbvio no caso da impotência e da frigidez, mas eu recomendo que sejam acrescentadas também as doenças venéreas e as da próstata. As idéias conflitantes estão por trás de todas as doenças. Sem conflito, não existe doença. Levando em conta que as idéias a respeito do sexo são abundantes na nossa sociedade, é surpreendente que as doenças venéreas não estejam ainda mais disseminadas. Deve ser porque todos nós inconscientemente escolhemos meios pessoais de expressar o conflito.

Entretanto, não são apenas os conflitos a respeito do simples apetite sexual que produzem problemas nessa área. Este é um apetite instintivo, mas também o são os anseios por afeto, segurança, comunhão de vivências e posse – e por ter poder. Na nossa sociedade, o sexo pode simbolizar qualquer um dos anseios acima, de modo que podem surgir dificuldades sexuais quando eles são reprimidos. Entretanto, algumas pessoas são tão "criativas" que podem usar uma disfunção sexual como maneira de exercer poder sobre outro indivíduo.

Um caso surpreendente que me vem à cabeça é o de um homem que ficou estéril (seu corpo não produzia nenhum espermatozóide vivo), *apenas* nos dias do mês em que sua esposa poderia engravidar. Decerto, não fazia isso de forma consciente. O que ele fazia era reprimir deliberadamente um profundo ressentimento contra ela e um desejo de vingar-se de alguma maneira. Ele não expressava nada disso, mas o sentimento era tão intenso que seu corpo lhe obedecera da melhor maneira possível.

A impotência e a frigidez, quando não são causadas pelo medo do sexo, são os exemplos mais óbvios desses tipos de jogo de poder. Não obstante, o que as faz surgir são a repressão e a tensão, e estas nunca são saudáveis.

Do mesmo modo como o riso é o que há de melhor para aliviar a tensão na 2ª Região, o orgasmo é o que há de mais eficaz para a 3ª Região. Lamentavelmente, muitas pessoas não sentem esse benéfico alívio em sua plenitude em virtude de várias idéias fundamentadas no medo. As mulheres podem não ter orgasmos ou tê-los apenas de quando em quando, e os homens podem não ter mais do que uma simples ejaculação que mal pode ser considerada orgasmo. O orgasmo completo não transmite apenas uma sensação agradável, como também envolve convulsões musculares involuntárias que fazem parte do processo liberador da tensão. Tirando o medo de que o sexo seja algo mau e o receio do sexo oposto, a razão mais comum com que já deparei para a ausência de orgasmos ou para os orgasmos incompletos, tanto nos homens quanto nas mulheres, é o medo de a pessoa perder o controle sobre si mesma. Esse fato está relacionado com idéias a respeito de segurança e confiança, e com noções de que um prazer muito grande ou o abandono do autocontrole levarão à autodestruição. Ainda assim, essas são apenas idéias *a respeito* da realidade, e não a realidade em si. Seu corpo foi primorosamente projetado para sentir uma enorme quantidade de prazer através de sistemas naturais de descarga da tensão, como o riso e o orgasmo. Você pode estipular crenças que lhe permitam extrair os benefícios máximos desses processos vitais.

Capítulo 11

4ª Região – O Centro do Progresso

As pernas e os pés, que compõem esta região, refletem os sentimentos e as idéias que alimentamos a respeito da nossa posição, do nosso status, ou situação na vida; o nosso senso de auto-suficiência e as nossas reações diante do progresso, da mudança e da incerteza.

As Coxas

Apesar do título desta seção, parte do que se segue é necessariamente apropriado às pernas de um modo geral.

Há alguns anos, fui procurado por uma mulher numa cadeira de rodas que queria ver se minhas técnicas poderiam ajudá-la. Suas pernas haviam ficado totalmente paralíticas desde a idade de 13 anos (ela estava na casa dos 40) e já há muitos anos estavam insensíveis. Ela comentou que os médicos não haviam encontrado nada fisicamente errado com ela, ou seja, não se tratava de um caso de doença ou deterioração.

Comecei pedindo-lhe que fizesse alguns exercícios de Imaginação Ativa e, num prazo de três semanas, ela ficou maravilhada e assombrada por sentir fluxos de calor percorrendo suas pernas. Dizendo-lhe que continuasse a fazer os exercícios, comecei então a lidar com as idéias que estariam por trás da paralisia. O problema aconteceu pela primeira vez depois de ela ter corrido para casa após um incidente emocionalmente traumático envolvendo outros alunos. Ao chegar em casa, suas pernas ficaram paralisadas e ela nunca mais pôde movê-las. Embora relutasse em fornecer detalhes, ela revelou que era excepcionalmente alta para a sua idade. Ela começou a perceber que a paralisia poderia ter sido uma solução drástica para o fato de ela se destacar na multidão (uma experiência bastante desagradável para uma menina de 13 anos) e talvez ser alvo de brincadeiras e outras crueldades da adolescência. Ao ficar permanentemente sentada, ela deixava de ser "aquela gigantona" e, além disso, passava a desfrutar de compaixão.

Através do trabalho com suas crenças e com a mobilização energética, ela começou a sentir mais as pernas e ficou claro que havia a possibilidade real de que ela pudesse ficar em pé e caminhar novamente. Nesse ponto, contudo, ela interrompeu o tratamento e eu nunca mais a vi. É evidente que a perspectiva de ter que enfrentar de novo a idéia de ser alta era mais do que podia suportar. Ela não apenas estava com medo desse fato, como também sentia que ele ameaçava a importante posição que ocupava agora numa organização para os incapacitados físicos, onde fizera muitos amigos. Em termos de suas próprias crenças de sobrevivência, ela fez a melhor escolha. Isso mostra que se você quiser fazer uma mudança, é preciso que deseje mais os efeitos da mudança do que o *conforto da dor ou do incômodo já conhecidos*.

Outra mulher me procurou com um caso de paralisia parcial. Ela arrastava uma das pernas por falta de articulação nos quadris. Os remédios não haviam ajudado e a cirurgia não era recomendada, de modo que trabalhei com ela induzindo o fluxo de energia e examinando as crenças correspondentes ao quadro. As técnicas energéticas surtiram um êxito apenas parcial. Depois de uma boa estimulação do fluxo ela conseguia caminhar sem problemas pela sala, mas logo o defeito reaparecia. Certa vez ela procurou um curador especializado em fluxos de energia extremamente fortes e, depois do tratamento, conseguiu caminhar normalmente durante dois dias antes que o problema retornasse. Este tinha uma indiscutível ligação com um elevado grau de tensão que o fluxo de energia só conseguia liberar por algum tempo, porque a idéia que estava por trás dessa tensão não havia sido tocada. Não foi difícil descobrir qual era. O problema começara quando ela teve de mudar de residência contra a sua vontade. Sua constante resistência à mudança se refletiu num "arrastar os pés" (ou pé, neste caso). Infelizmente, mesmo depois de ter percebido isso, ela se recusou a aceitar a mudança de modo que seu problema continuou. Se algum dia ela vier a aceitá-la, ficará boa sem nenhuma ajuda.

Decerto você já ouviu a expressão "paralisado de medo". Quando o medo é crônico, a paralisia se refletirá no corpo. Trata-se basicamente de um processo de sobrevivência. Quando existe um perigo físico iminente, a paralisia temporária pode fazer com que passemos despercebidos, salvando assim a nossa vida. Isso já deu certo em alguns casos em que as pessoas se viram frente a frente com ursos e leões, e podemos ver animais como coelhos e gambás usando regularmente esse recurso. Os seres humanos também podem empregá-lo para evitar uma situação da qual não gostam ou têm medo, podem experimentá-lo ao estar com medo de tomar uma decisão entre duas alternativas, ou ele pode resultar de uma resistência à própria mudança.

A gordura pode se acumular ou não nas coxas quando existe gordura em outros lugares do corpo. Se os quadris e as coxas forem gordos, pode haver alguma associação com sentimentos sexuais e afetivos, mas talvez seja útil investigar a possibilidade de a pessoa estar sendo impedida de progredir, especialmente numa situação profissional. Já deparei muitas vezes com estas convicções, particularmente em mulheres.

Os Joelhos

Na minha adolescência, quando eu estava para ingressar no segundo grau, tive uma tumefação muito dolorosa logo abaixo da rótula nos dois joelhos. O médico da pequena cidade onde eu vivia diagnosticou o caso como câncer, e passei a ir regularmente ao seu consultório, durante muitas semanas, para fazer um tratamento com raios X. Os principais efeitos do problema eram que eu tinha muita dificuldade para dobrar os joelhos, e parecia que eu estava constantemente esbarrando nas coisas e urrando de dor. Por fim, fui levado a um especialista num grande hospital metropolitano que "por coincidência" tivera o mesmo problema quando criança e diagnosticou de imediato que eu sofria de uma doença óssea denominada "mal de Osgood-Schlatter". Esta era bastante rara, e supunha-se que fosse causada por um crescimento invulgarmente rápido. Ele me receitou muito leite, muito repouso e o uso de ataduras de sustentação. O problema só melhorou aos poucos, e foram precisos muitos anos para que a sensibilidade desaparecesse totalmente.

É claro que, na ocasião, o problema foi apenas algo com que eu tive que conviver, mas anos depois fui capaz de analisar as idéias que estavam por trás dele. Simplificando os fatos, tratava-se do resultado extremo de eu não querer me submeter (simbolizado pelo dobrar dos joelhos) àquilo que eu julgava ser a natureza dominadora do meu pai. Ao mesmo tempo, eu me sentia culpado por esse sentimento, de modo que me punia esbarrando nos locais doloridos sempre que tinha uma oportunidade. Hoje estou convencido de duas coisas: meu pai não era um tirano, e que se eu não tivesse sido tão cabeçudo e inflexível sem dúvida não teria tido o problema.

Os joelhos, portanto, refletem os nossos sentimentos a respeito da humildade, da submissão à autoridade, da flexibilidade com relação ao nosso status, e os receios ligados à manutenção de nossa situação e a fazer frente às incertezas e perigos possíveis. Lembro-me de que, no Corpo de Fuzileiros Navais, embora forçados a ficar em posição de sentido durante horas, muito poucos homens desmaiavam como resultado de estarem com os joelhos rigidamente imobilizados e os músculos das pernas tensionados a ponto de interromper o fluxo de sangue para o cérebro. É desnecessário dizer que eles estavam "morrendo de medo" do que poderia acontecer se relaxassem mesmo que apenas por um instante. E você sabe muito bem que determinados tipos de medo podem literalmente fazer os joelhos tremerem.

A Parte Inferior da Perna

A ocasião em que possivelmente mais exercitamos esta área do corpo é quando estamos correndo ou andando, de modo que não deve causar surpresa o fato de elas amiúde refletirem nossos sentimentos com relação ao progresso profissional, à ascensão "na escala social" ou à fuga diante de situações desagradáveis. Algumas pessoas que se preocupam demais com essas coisas podem ter as batatas das pernas bonitas e fortes, dando a impressão de que fazem muitos exercícios, quando tudo o que fazem é se sentar numa escrivaninha ou na frente da televisão. Isso se deve a freqüentes avisos de inconscientes "avançar" que mantêm os músculos trabalhando, mesmo quando estão em repouso.

Talvez o problema mais comum que possa surgir nessa região seja o das varizes, embora elas também possam aparecer em outros lugares. Os sintomas são pernas inchadas, câimbras, fadiga, ou dor depois de longos períodos em pé, e nodosidades bastante antiestéticas, oriundas de veias dilatadas logo abaixo da pele. As veias, cuja função é levar o sangue de volta ao coração, contêm pequenas válvulas destinadas a impedir que o sangue reflua para baixo, em decorrência da tração natural da gravidade. Em algumas pessoas, contudo, particularmente nas mulheres grávidas, em pessoas obesas e naquelas que precisam ficar muito tempo de pé em seu trabalho, algumas dessas válvulas cedem. Isso permite que o sangue retorne e distenda a veia. Entretanto, a dor e a disfunção estão sempre associadas à tensão, e é esta última que está na raiz dos sintomas. Esse processo precisa ser pesquisado mais intensamente, mas acredito que se trate de uma síndrome de "fuga" ou de uma resistência a permanecer numa condição ou situação particular que produz tensão crônica e, como conseqüência, inchaço, fadiga, dor e insuficiência das válvulas. Teoricamente, a resolução do conflito deveria levar o organismo a restaurar as veias, mas não sei se isso já foi feito algum dia.

Os Tornozelos

Nosso sentimento de auto-suficiência, ou nossa capacidade de auto-sustentação, reflete-se com freqüência na condição dos tornozelos. Embora os joelhos também desempenhem um papel nesse processo, é nos tornozelos que se concentra nosso principal apoio quando estamos em pé. Se os tornozelos cedem, nós caímos (ou fracassamos). Desse modo, uma considerável tensão pode se concentrar nesse local, produzindo tornozelos inchados ou grossos, além de vários tipos de lesões. Um tornozelo torcido, ou mesmo quebrado, pode também ser a solução do corpo para se afastar de uma situação indesejável, ou possivelmente de um castigo por estar agindo contra a própria consciência.

Os Pés

Existem tantos sentimentos e crenças refletidos aqui que é difícil citá-los todos.

Os conflitos relacionados com o sentimento de "ter os pés no chão" podem gerar problemas nessa parte do corpo. Pés chatos ou arcos caídos podem representar o desejo subconsciente de a pessoa sentir-se mais "plantada" e segura com relação à sua posição ou status, palavra que, aliás, vem do latim *stare* e significa "ficar de pé".

Dedos cronicamente dobrados para baixo podem representar uma tentativa de obter uma situação mais segura na vida, enquanto que dedos voltados para cima podem significar uma tentativa de se elevar acima de alguma coisa ou fugir de algo. Dedos cruzados podem significar uma espécie de aglomeração que funciona como defesa contra o medo.

Existe um sistema de cura denominado "reflexologia dos pés" ou "terapia de zona", baseado no conceito de que existem "pontos reflexos" na sola dos pés que correspondem a outras regiões e órgãos do corpo. Quando certas partes do corpo não estão funcionando bem, espera-se que esses pontos respondam com uma dor mais ou menos intensa se forem submetidos a pressão. Fisiologicamente, essa correspondência parece impossível, e apenas um dos pontos – o do centro – está relacionado com o sistema da acupuntura. Não obstante, com base na minha experiência pessoal, posso afirmar sem sombra de dúvida que a massagem nesses pontos afeta o resto do corpo. Não parece fazer sentido, mas funciona. Assim sendo, uma boa e vigorosa massagem nos pés, e até mesmo mergulhá-los na água por algum tempo para relaxar, pode fazer com que você se sinta totalmente revigorado. Talvez a sola dos pés seja a "alma" do corpo. Quem sabe?

Terminamos com este capítulo a análise das regiões do corpo. Embora incompleta, seu principal objetivo foi levá-lo a pensar no corpo como um espelho de seus pensamentos e sentimentos. Os próximos capítulos vão lhe mostrar como é possível mudar os reflexos que você prefere não ter.

PARTE III – TÉCNICAS

Capítulo 12

Terapia das Idéias

A ênfase das técnicas apresentadas neste capítulo está em trabalhar diretamente com as idéias que você tem de si mesmo e de sua vida na medida em que elas se relacionam com a sua saúde. Haverá naturalmente pontos de coincidência com outras terapias a serem apresentadas, mas não se preocupe com distinções minuciosas. Minhas categorias são bastante arbitrárias e se destinam a lhe proporcionar um guia básico de estudo e prática. Na verdade, com o correr do tempo você irá combinar técnicas de diversas terapias, e é exatamente isso que deve acontecer.

A Resolução dos Conflitos

A esta altura, você já percebeu que a doença se baseia em algum conflito interno de idéias. Uma vez que o conflito seja resolvido, o corpo começa a se curar sozinho. A maneira mais direta de chegar a essa resolução é enfrentando as idéias em questão e desistir de uma delas. É mais fácil levar isso a cabo quando uma das idéias se enquadra na categoria do que você "deveria" fazer. Por exemplo, se você tiver uma dor de cabeça por achar que deveria fazer alguma coisa de um modo melhor ou diferente do que está fazendo, desista dessa idéia.

Às vezes isso pode ser feito se você simplesmente se perguntar, "Mas por que eu deveria?" E se você passar mal do estômago porque uma outra pessoa não está fazendo o que acha que ela deveria fazer, tente dizer, "Mas por que ela deveria?" e aceite o fato de que ela não o faz. Essa técnica pode ser aplicada a quaisquer conflitos de idéias, mas é preciso que você saiba quais são eles. Para descobri-los, você poderá necessitar de outras técnicas. Você está com a impressão de que é mais fácil dizer tudo isso do que fazer? É claro que é. Tudo depende do quanto você quer mesmo ficar bom.

A Reinterpretação

Uma das maneiras pelas quais criamos a nossa realidade está no modo como interpretamos os acontecimentos. Se alguém o critica, você poderá interpretar esse fato como um indício da sua incompetência, ou como um ataque contra o qual você precisa se defender, ou, com a mesma facilidade, você poderá interpretá-lo como um sinal da falta de visão da outra pessoa. O modo como você interpreta o fato pode certamente afetar a sua saúde.

Meu filho apresentou certa vez sintomas de gripe ao perder um relógio. Ele interpretou o evento como uma grave perda a cujo respeito ele nada podia fazer, o que produziu nele uma tensão insolúvel. Consegui fazê-lo perceber que poderíamos facilmente comprar um outro relógio e que, embora o novo também pudesse desaparecer, havia milhares de outros disponíveis, e ele então foi capaz de reinterpretar o evento como uma perda a respeito da qual ele *podia* fazer alguma coisa, e seus sintomas de gripe desapareceram em apenas uma hora.

Houve um outro caso em que trabalhei com uma escritora, que interpretou uma "rejeição" da parte de uma revista como uma rejeição à sua pessoa, e isso deu origem a vários sintomas. Fazendo com que ela interpretasse o evento como o fato de a revista simplesmente ter resolvido não usar o artigo, em vez de considerá-lo uma "rejeição", os sintomas diminuíram. As palavras possuem um tremendo poder porque têm a capacidade de desencadear um grande número de associações emocionais. Quando você estiver certo de que um dado acontecimento está na base dos seus sintomas físicos, examine com cuidado as palavras que estiver usando para descrevê-lo para si mesmo, e verifique se existem outras maneiras válidas de explicá-lo, que possam alterar seu efeito emocional.

A Intenção Determinada

Trata-se de um ato de vontade, de uma técnica de cura extremamente eficaz. Tudo o que ela requer é o total compromisso de ficar bom, a intenção determinada de consegui-lo.

Todas as vezes em que você dirige sua intenção para um objetivo específico, todos os recursos da sua mente, do seu corpo e do seu espírito começam a fluir ao longo desse caminho, e você começa a atrair eventos, circunstâncias e pessoas que podem ajudá-lo. Entretanto, um número enorme de pessoas inibe esse fluxo com suas dúvidas e temores, confundem-no por terem intenções conflitantes ou instáveis, ou ainda o desviam em decorrência de idéias tolas como "Talvez seja necessário que eu fique doente".

Os médicos têm dito freqüentemente que um dos fatores mais importantes, e talvez até *o* mais importante nos casos de doenças graves, é a vontade de viver do paciente, sua intenção determinada de ficar bom de qualquer maneira. Tenho a certeza de que o mesmo se aplica, seja o problema um resfriado ou um pé-de-atleta. Podem ocorrer verdadeiros milagres quando a vontade é usada dessa maneira. Não é preciso esforço ou luta, apenas o inabalável propósito de ficar bom. Não estou falando de vontade, entenda bem, e sim de *intenção*. Não estou me referindo a afirmações do tipo "Eu quero ficar bom", ou "Realmente, tenho a esperança de ficar bom", mas à afirmação do tipo "Eu vou ficar bom".

O Perdão

Surpreso por ver o perdão relacionado entre outras técnicas? Não é o caso. O perdão envolve uma reestruturação de idéias que requer muita habilidade para ser eficaz. Um quantidade incrível de pessoas não sabe o que ele significa, nem como usá-lo.

Uma das grandes dificuldades decorre de uma confusão entre perdoar e esquecer. A frase "perdoe e esqueça" entranhou-se de tal maneira na nossa cultura que as duas palavras são usadas quase como sinônimos, com resultados potencialmente desastrosos. É muito comum, quando recomendo a uma pessoa que perdoe alguém que a magoou, ouvi-lo dizer: "Você espera que eu esqueça o que ele me fez?" Preciso então explicar que não quero que ela esqueça, e sim que perdoe. *Perdoar não tem nada a ver com esquecer!* Poderia ser tolo, estúpido ou até mesmo perigoso esquecer de fato o que alguém fez para nos magoar porque então seria impossível extrair uma lição do incidente e, desse modo, evitá-lo ou impedi-lo de acontecer. Contudo, o que a maioria das pessoas que julgam estar perdoando faz é reprimir toda a dor emocional (que está sempre a um passo da consciência e pode causar dor física) e tentar não pensar no assunto (o que raramente funciona).

A palavra *forgive* (perdoar) vem do inglês antigo, e seu significado fundamental é "desfazer-se" ou "liberar". Da maneira como a usamos, ela na verdade significa liberar a idéia de que a pessoa que nos magoou deveria ser castigada. Ou então, em outras palavras, desistir da idéia de vingança, quer levada a cabo por nós mesmos, por outras pessoas, quer pelo destino ou por um Deus justiceiro. Quando desistimos do desejo de vingança, a tensão crônica que normalmente lhe está associada também é liberada, o que resulta numa cura mais rápida. É claro que às vezes precisamos perdoar mais a nós mesmos do que a qualquer outra pessoa. A culpa (o sentimento de que deveríamos ser punidos) causa tantos males, e talvez até mais, quanto o ressentimento (o sentimento de que os outros devem ser punidos). Quando nos desapegamos da idéia da punição, a pressão emocional, a tensão muscular e as doenças correlatas também são liberadas.

Uma segunda dificuldade importante que as pessoas têm com relação ao perdão é pensarem que basta dizer: "Está bem, eu perdôo." Mas o perdão não é uma declaração e sim um ato, um verdadeiro ato de abrir mão de um hábito de pensamento. Existe uma forma infalível de você se testar para verificar se realmente perdoou a si mesmo ou a uma outra pessoa. Se você conseguir recordar com todos os detalhes, sem se alterar, um incidente que costumava despertar em você sentimentos de culpa ou ressentimento é porque o perdão realmente aconteceu.

Como fazer então para praticar a técnica do perdão? Existem duas maneiras – o método direto e o indireto.

O método direto consiste em mudar a crença de que você ou alguma outra pessoa merecem ser castigadas. Embora ele também possa ser incorporado à última técnica desse capítulo, também pode ser empregado numa declaração taxativa como "Eu (ou ele/ela), mereço (merece) ficar livre disso" *todas as vezes* que o sentimento ou a lembrança da culpa ou do ressentimento surgir na sua mente. Depois então você envia para a pessoa em questão uma idéia ou sentimento de amor ou bênção. Você faz isso independentemente daquilo em que acredita no momento, porque está tentando alterar essa crença e conseguir a liberação. Uma aluna minha declarou certa vez: "Mas eu não consigo enviar amor para aquela pessoa neste momento." Eu lhe expliquei que não era preciso que ela enviasse imediatamente uma enorme quantidade de amor, mas apenas o necessário para desencadear o processo. Depois de alguma hesitação, ela finalmente concordou que seria capaz de enviar uma bolinha de 1 cm de amor, durante um segundo, sem maiores problemas. Eu lhe disse que estava ótimo, uma vez que não havia mandado nada antes, e que ela deveria aumentar a quantidade tão logo pudesse fazê-lo sem se forçar. Depois de alguns meses ela já estava conseguindo enviar uma bola de 1,80 m de diâmetro (sob a forma de uma luz cor-de-rosa) durante um minuto inteiro, e estava obtendo os benefícios de uma liberação total.

O método indireto é muito simples, e pode ser aplicado de várias maneiras. Ele consiste em aplicar uma punição suficientemente rigorosa para satisfazer a crença de que a punição deve ocorrer. Quando esse nível de punição for alcançado, o perdão (a liberação da idéia de que cabe uma punição) é automático. Lamentavelmente, quando aplicada no nível físico contra outras pessoas, ocorrem rixas, vinganças, assassinatos e mutilações, bem como uma enorme variedade de desforras emocionais. E tudo isso quase sempre produz resultados insatisfatórios. Quando aplicada contra si mesmo, pode significar lesões corporais, mutilações ou enfermidades prolongadas, o que também é eminentemente insatisfatório. Algumas pessoas conseguem contornar esse problema empregando uma espécie de punição substituta denominada "penitência". Esta pode variar desde usar silício e impor-se mutilações, até dizer algumas orações ou jejuar. Entretanto, a penitência só funciona quando a pessoa envolvida acredita que o castigo foi suficiente para expiar a culpa.

Uma maneira muito melhor de pôr em prática o método indireto é usar a imaginação. Uma vez que é o subconsciente ou a Mente Ativa que alimenta a crença habitual da necessidade de uma punição, e como ela não consegue perceber a diferença entre uma experiência "real" e uma poderosa experiência "imaginária", uma punição adequadamente imaginada pode da mesma forma proporcionar a liberação necessária. A vantagem desse processo é que ele pode ser aplicado tanto aos outros quanto a nós mesmos. Você só precisa ter um devaneio mobilizador, intensamente colorido, usando todos os sentidos, no qual a pessoa de quem você se ressente é punida com a severidade que você julga merecida. Você pode fazer exatamente a mesma coisa para se livrar da culpa. Depois da experiência, diga a si mesmo: "Bom, então acabou. Ele (eu) foi (fui) suficientemente punido e agora pode (posso) ser perdoado". E se algum ressentimento ou culpa residual futuramente se manifestar, recorde a cena do castigo e lembre-se de que o castigo merecido já foi aplicado naquela ocasião.

A principal objeção ao método acima é feita por quem teme que esses pensamentos possam ferir a outra pessoa (ou seja, elas acreditam que deva haver uma punição, mas nem por um momento sonham em aplicá-la com as próprias mãos), ou talvez atrair coisas semelhantes para si. Quero, em primeiro lugar, esclarecer que ninguém é tão divino a ponto de conseguir causar danos a alguém com uns poucos pensamentos. Devemos ficar agradecidos por todos estarmos espiritualmente protegidos com relação ao que os outros pensam de nós, caso contrário este planeta ficaria rapidamente despovoado. Em segundo lugar, é o pensamento concentrado e repetitivo que exerce influência sobre a nossa experiência física, e não um único incidente que imaginamos. Uma sessão em que a punição é imaginada com bastante intensidade deve ser suficiente. Não recomendo que você a execute todos os dias. Você só precisa convencer sua Mente Ativa de que a experiência foi "real" o suficiente para ser eficaz, i.e., que a punição foi intensa o bastante para merecer o perdão. Quando usado com bom senso, este método é inofensivo e bastante benéfico.

Vou dar um exemplo de como ele pode funcionar. Certo homem me procurou com um problema físico causado por uma culpa relacionada com pequenos roubos que ele havia cometido na juventude. Ele demonstrou interesse pelo método indireto de perdão, de modo que elaboramos um devaneio extremamente detalhado no qual ele enfrentava um julgamento. A relação de suas transgressões foi lida em voz alta por um oficial de justiça (por alguma razão, tratava-se de um tribunal do século XIX), e meu cliente foi condenado a receber trinta chicotadas. Ele foi amarrado a um poste com as costas nuas, e as chicotadas foram sendo contadas, uma a uma. O devaneio foi tão intenso que o homem realmente estremecia a cada vez que o chicote o atingia nas costas. Quando o castigo terminou, o funcionário colocou um aviso no poste com os seguintes dizeres: "Este homem recebeu toda a punição que merecia por esses crimes. Ele está, portanto, completamente perdoado e livre para seguir caminho." Mais tarde, o homem disse que estava tendo uma tremenda sensação de alívio, confiando em que então estava verdadeiramente livre da culpa que o havia perseguido durante anos a fio. Quando tive notícias dele pela última vez, estava totalmente recuperado.

Leitura Inspiradora

Quando você lê alguma coisa interessante, você entra automaticamente num estado alterado de consciência que se assemelha à meditação. Nesse estado, sua Mente Ativa também se torna mais acessível à sugestão, como é demonstrado pelas emoções que você pode sentir ao ler uma passagem particularmente comovente. Por causa disso, a leitura pode ser usada como uma forma de introduzir novas idéias saudáveis no seu sistema.

Entretanto, para que ela seja realmente eficaz, é preciso que você a use da maneira correta. Uma única leitura de um livro, por exemplo, não importa o quão comovente possa ser, em geral não é suficiente para alterar um sistema de crenças habitual se as idéias ali contidas forem muito diferentes de sua maneira habitual de pensar. Para que você possa alcançar o resultado mais eficiente, escolha livros que contenham idéias inspiradoras nas quais você *gostaria* de acreditar, impregnando então o seu corpo-mente com as mesmas, através de leituras numerosas e freqüentes de uma série de livros semelhantes. Não quero ser atrevido a ponto de escolher os livros para você, mas eu recomendaria aqueles que estimulam o autoconhecimento, as aptidões inatas de cura e também aqueles que lhe transmitem uma sensação de elevação espiritual.

A eficácia da sua leitura, no que diz respeito a mudanças salutares em suas crenças, será ampliada se você fizer um exercício de relaxamento como o do Terceiro Capítulo, logo antes de começar a ler.

A Mudança Direta das Idéias

A maneira mais direta de incorporar uma nova crença ao seu corpo-mente (no sentido de fazer com que ele a aceite e aja de acordo com ela) é organizá-la numa única frase ou declaração simples e incuti-la no seu sistema.

Quanto mais básica a crença, mais extensos serão seus efeitos, de modo que você deve escolhê-la com cuidado e estar certo de que deseja conviver com ela. Por exemplo, se você costuma estar sempre ou freqüentemente doente, talvez queira escolher uma crença do tipo "Estou sempre com a saúde perfeita". Conscientize-se, porém, de que essa decisão significará que você está desistindo de todas as possíveis vantagens colaterais que desfrutava ao estar doente, como licenças de trabalho ou faltas abonadas na escola e a "paparicação" e a comiseração das pessoas. Ou talvez você prefira começar com algo um pouco menos fundamental e mais fácil de aumentar a sua autoconfiança, como "Sou imune a resfriados (a gripes, a plantas venenosas)." Aliás, foi isso que eu fiz, com excelentes resultados, e só depois fui trabalhar com uma idéia mais fundamental. De modo geral, é preferível escolher uma crença que pareça contradizer um aparente fato da vida. O pré-requisito para uma mudança de crença desse tipo, contudo, é a idéia de que você *é capaz* de alterar sua experiência transformando suas crenças. O processo se desenvolve da seguinte maneira:

1. Relaxe fisicamente e ponha-se à vontade.
2. Lembre-se de que todos os fatos da vida são apenas opiniões a respeito da realidade, que você pode modificá-las e, com isso, alterar sua realidade a partir de agora.
3. Faça de conta que esqueceu de tudo em que já acreditou a respeito do assunto com que vai lidar.
4. Comece a repetir a nova formulação verbal da crença, várias vezes ao dia, durante não menos do que cinco e não mais do que dez minutos.

5. Se julgar necessário, mantenha a mente concentrada no assunto, usando a imaginação para formar imagens dos efeitos da nova crença.
6. Empregue a emoção entusiástica para transmitir força a essa programação.
7. Termine a sessão e volte à sua rotina habitual.

É preciso que você se dedique a esse processo pelo menos uma vez por dia, e que continue a executá-lo mesmo depois de começar a perceber uma mudança em suas experiências, prosseguindo até que a nova crença se torne um outro "fato da vida".

Capítulo 13

Terapia Visual

As técnicas apresentadas neste capítulo se apóiam basicamente na imaginação, empregada para o alívio de sintomas, para descobrir a origem dos problemas de saúde ou para alterar indiretamente atitudes e crenças.

A Substituição Direta de Imagens

Se você praticou adequadamente os exercícios do Segundo Capítulo, ou se a sua imaginação já está bem desenvolvida, essa técnica deve ser relativamente fácil de utilizar. Ela também emprega o Efeito de Reprodução do capítulo sobre Concentração. Basicamente, ela apenas requer que você construa uma imagem de si mesmo, ou de uma parte específica da sua pessoa, gozando de perfeita saúde. Existem, entretanto, muitas maneiras de se fazer isso.

A mais simples é imaginar a saúde exatamente no local que agora se encontra doente. Suponha, por exemplo, que você machucou o polegar ou um órgão interno que precisa ser curado. Tudo que você tem a fazer é imaginar que a parte em questão *já está* curada, e manter-se concentrado nessa imagem, seja qual for a situação atual. A idéia é que essa imagem servirá de guia para a consciência corporal, ajudando-a a produzir mais rapidamente a condição de cura. É uma pena que muitas pessoas sintam dificuldade em fazer isso pelo fato de o contraste entre a imagem e a situação existente ser excessivamente grande.

Uma outra maneira, às vezes bem mais eficiente, é usar o que eu chamo de técnica do "Ver e do Ser", que usa tanto a imaginação por imagens quanto por mímica. Nesse caso, você concebe uma imagem mental de qual seria a condição do seu corpo caso ficasse totalmente curado, e a seguir constrói uma imagem tridimensional da parte (externa, interna, ou até mesmo de todo o corpo) no espaço à sua frente, deslocando depois essa imagem *para dentro* do seu corpo, para que ela passe a "coexistir" com a parte que precisa ser curada. Continue a repetir esse processo durante cinco ou dez minutos, com tanto desejo quanto você conseguir, para que o corpo absorva a imagem e comece a reconstruir as células de acordo com o padrão de cura. Repita esse procedimento pelo menos uma vez por dia até que o problema esteja curado, independentemente de quaisquer outros métodos que porventura venha a usar para tratá-lo.

Uma terceira maneira, que funciona muito bem para problemas externos, é focalizar a atenção numa parte do corpo que seja saudável, transferindo então rapidamente a atenção para a parte doente ao mesmo tempo em que dá ao corpo a sugestão de usar a parte saudável como modelo de cura. Ao se concentrar na parte saudável, gere sentimentos de prazer, sucesso, e agradecimento por ela ser tão saudável, e tente continuar a nutrir esses sentimentos enquanto transfere a atenção para a doente. Isto será provavelmente mais fácil quando partes opostas do corpo estiverem envolvidas. Pode ser aconselhável cobrir a parte doente com alguma coisa para que, quando você transferir a atenção para ela, consiga imaginar com mais facilidade que ela está tão saudável quanto a outra. Tenho muito sucesso com esta técnica em casos de herpes labial. Olho para o espelho e cubro a parte afetada com a mão para que eu possa me concentrar no lado saudável do meu lábio. E é claro que os resultados são melhores quando isso é feito tão logo haja um indício de que a doença está se manifestando. Uma vez que o herpes labial é amiúde uma reação a represálias reprimidas com relação a críticas, eu também diminuo a tensão atacando verbalmente a pessoa envolvida, na minha imaginação ou em voz alta, quando estou sozinho. Jamais se sinta obrigado a usar apenas uma técnica de cada vez, se elas puderem ser convenientemente usadas em conjunto.

A Ação Simbólica

Esta técnica bastante criativa emprega a propensão natural da Mente Ativa para reagir a uma simbologia extremamente literal. Ela envolve a formação de uma imagem visual da sensação transmitida pelo problema e o uso posterior dessa imagem como base para alterá-lo. Já ajudei pessoas a alcançarem resultados incríveis com esta técnica. Darei alguns exemplos para torná-la mais clara.

Numa situação de trabalho, uma mulher se queixava de que seu peito estava doendo como se houvesse uma pressão sobre o mesmo. Pedi-lhe que me fornecesse uma imagem do tipo de pressão que estava sentindo. Ela me disse que era como se caixas de livros estivessem empilhadas sobre o seu peito. Eu lhe disse então: "Bem, imagine agora que vários amigos robustos estão se aproximando e retirando as caixas. Como você se sente?" Ela declarou, extremamente surpresa, que a pressão desaparecera, e que nunca antes havia sentido um alívio tão rápido. Neste caso, a imagem foi especialmente conveniente porque pudemos depois abrir as caixas em nossa imaginação e examinar os livros, o que lhe forneceu pistas a respeito do que havia dado início à pressão.

Uma outra mulher tinha nas nádegas uma grave erupção que surgia de tempos em tempos depois de certas situações emocionais específicas. Como a erupção estava presente quando ela veio me ver, pedi-lhe que me fornecesse uma imagem da sensação que o problema lhe transmitia, mas ela só tinha consciência das antiestéticas bolinhas (que aliás eu nunca cheguei a ver). Eu sabia que seu *hobby* era a escultura, de modo que sugeri que ela imaginasse o seu corpo como um modelo de argila no qual estivesse desfazendo a erupção. Em alguns minutos, o quadro clínico desapareceu. Começamos então a trabalhar em suas idéias a respeito de confiança e segurança, e hoje a erupção é coisa do passado.

Certa noite, minha esposa chegou em casa do trabalho muito cansada, de modo que sugeri que ela imaginasse uma bola brilhante de energia logo acima da sua cabeça com um fio elétrico bem grosso saindo dela. Disse-lhe então que imaginasse que estava ligando o fio num plugue e este numa tomada, localizada em sua têmpora direita. Ela se sentiu "recarregada" em menos de um minuto.

Os casos acima dão a impressão de que os resultados podem ser alcançados com bastante rapidez, e na maioria das vezes isso é verdade. Entretanto, às vezes a ação da imaginação precisa ser repetida durante um período mais longo para que o alívio seja alcançado. Tive certa vez uma dor aguda que parecia causada por uma faca cravada em meu braço, de modo que arranquei a faca. Entretanto, como o alívio não foi imediato, tive que continuar a arrancá-la durante bastante tempo até a dor desaparecer por completo. Eu a puxava para fora e, se a dor persistia, eu imaginava que a faca estava novamente cravada em meu braço e a arrancava de novo. Numa outra ocasião (há anos atrás) peguei tolamente uma gripe, mas dois dias depois já gozava de perfeita saúde porque, durante o tempo que fiquei de cama, visualizei uma equipe de médicos do futuro com uma máquina de cura apontando para o meu peito e emitindo raios de saúde. Essa foi a última vez em que peguei uma gripe.

Como você já deve ter percebido, é possível usar a dor ou o problema para lhe sugerir uma imagem com a qual você possa trabalhar, ou você pode criar uma que se encaixe na situação.

Um outro tipo de ação simbólica é imaginar que você ou outras pessoas, em miniatura, entram no seu corpo e executam o trabalho de reconstrução ou reparo que se faz necessário. Houve um filme, há algum tempo atrás – creio que seu nome era "Viagem Fantástica" – no qual uma equipe de médicos num submarino foi efetivamente miniaturizada até o ponto em que pôde penetrar na corrente sangüínea de um paciente e navegar até um local onde conseguiu remover um coágulo com raio laser. Uma coisa semelhante representaria um excelente material para o seu trabalho pessoal de cura. Tenha em mente, contudo, que o objetivo é reduzir a tensão e realizar a cura. Lembro-me de um programa de televisão no qual uma psiquiatra estava tentando se curar de uma doença fatal empregando uma combinação de remédios e imagens. Em sua imagem, ela visualizou a célula como um pelotão do exército cercado por um grupo de índios que representavam a doença. Ela então visualizou o remédio como a chegada da cavalaria para prestar ajuda e acabar com os índios. É triste, mas o projeto não foi bem sucedido. Pondo de lado o fato de que esta foi uma história de televisão, eu gostaria de dizer que as imagens criadas estavam trabalhando contra a cura. Numa situação de vida real, baseada nas imagens acima descritas, eu teria recomendado que o remédio fosse visualizado como um magnífico pacificador que interrompesse a luta através da persuasão e estabelecesse uma grande harmonia entre os índios e a cavalaria para que cada um pudesse ir em paz para o seu lado. O próprio conceito de lutar contra a doença freqüentemente gera mais tensão e problemas.

A Transformação Através do Sonho

Este é um tipo bastante especializado de terapia simbólica que pode resultar na cura das idéias que estão por trás da doença. Destina-se a ser usado principalmente no caso de sonhos de conflitos intensos e não resolvidos que possam ocorrer durante qualquer tipo de doença, entre os quais estão incluídos possíveis pesadelos. É bem provável que esses sonhos sejam representações simbólicas de conflitos mentais e emocionais.

A técnica consiste, em primeiro lugar, em recordar o sonho, e depois repeti-lo conscientemente como um devaneio no qual são feitas todas as mudanças que pareçam adequadas para transformá-lo numa experiência satisfatória e bem-sucedida. Uma das grandes vantagens desta técnica é que você não precisa ter um conhecimento consciente do significado dos símbolos do sonho (embora eles se tornem em geral aparentes). Basta que sua Mente Ativa saiba o que eles significam. Ao repetir o sonho de uma maneira mais positiva você está, na verdade, constatando e aceitando o estado atual de suas crenças e emoções, e instituindo as mudanças necessárias. Se as crenças em questão foram muito arraigadas, no entanto, esse processo pode não ser tão fácil quanto parece.

Descreverei, por exemplo, o caso de uma moça que teve um sonho horripilante no qual ela estava de pés e mãos amarrados e era atirada na parte de trás de uma longa limusine preta conduzida por dois homens musculosos, vestidos de negro, que se afastavam com ela a bordo. No sonho, ela se sentia muito assustada e indefesa. Sugeri-lhe que imaginasse que estava desatando as cordas, batendo as cabeças dos homens uma contra a outra, atirando-os para fora do carro e depois sentando-se no banco do motorista e dirigindo ela mesma o carro. É evidente que essa alteração do sonho exerceria efeitos benéficos sobre seus sentimentos de competência, segurança e valor pessoal. Mas foram precisos três meses para ela se tornar capaz de produzir essas imagens! Isto se deve ao fato de até mesmo a nossa imaginação ser limitada pelas nossas crenças. Minha sugestão abriu-lhe novas possibilidades, mas ela precisou realizar um esforço considerável para percebê-las. Talvez você não tenha tanta dificuldade quanto ela (o que é bastante incomum), mas não hesite em se esforçar para ampliar a sua mente.

O Jardim Interior

Essa técnica é bastante semelhante à da Transformação Através do Sonho, diferindo desta última apenas por usar imagens conscientemente induzidas que são depois encenadas. Neste caso, o tema é um jardim de qualquer tipo que você deseje escolher. Em geral, basta que a pessoa que estiver usando esta técnica imagine um jardim que represente o seu estado mental, deixando que a Mente Ativa o crie como bem entender. Ou então você também pode criar um jardim que seja do seu agrado. De qualquer modo, haverá elementos espontâneos com os quais trabalhar. As coisas que você deve procurar em seu jardim (que deverá ter uma fonte de água) e que talvez tenham que ser alteradas são o estado do solo; a pureza da água, a presença de ervas daninhas, de sarças ou de uma vegetação imprópria; o estado de construções ou estruturas, como cercas e muros; a atitude das pessoas ou animais que possam freqüentá-lo ou entrar nele por acaso, e as condições meteorológicas. Ao "consertar" o seu jardim interior você pode eliminar no plano simbolicamente tensões mentais e emocionais relacionadas com a saúde e com outras situações da sua vida. E, de vez em quando, você pode examinar o seu jardim como uma forma de acompanhar suas reações subconscientes aos eventos e às circunstâncias.

O Círculo Duplo

Esta técnica muito simples mas amiúde altamente eficaz se destina a esclarecer a origem mental ou emocional de um problema particular da saúde (ou de outro tipo). Construa um círculo imaginário e coloque dentro dele a imagem desse problema que você está tendo e a cujo respeito você quer se informar, como uma dor de garganta, uma úlcera, etc. Construa então, a seguir, um outro círculo à esquerda do primeiro e diga para si mesmo: "Mostre-me a origem desta doença." Dentro desse segundo círculo surgirá algum tipo de imagem, ou talvez palavras, que estarão diretamente relacionadas com a doença. Cabe, contudo, ao seu eu consciente estabelecer a ligação entre o que está sendo apresentado e o problema que você está enfrentando. Se a imagem parecer totalmente desconexa é apenas porque você não está disposto a perceber a ligação. Algumas vezes, o que aparece é simbólico e seu significado pode lhe escapar. Nesse caso, diga simplesmente: "Mostre-me de uma outra maneira" – e deixe que apareça algo diferente. A informação poderá então ser usada, se necessário, como base para outras técnicas.

O Sol Descendente

Esta é uma variação de muitas técnicas semelhantes para focalizar a energia de cura numa certa parte de seu corpo. Você começa imaginando o sol como uma bola de energia dinâmica e extremamente poderosa; você percebe a intensidade da luz brilhante e do calor que dela emana e a contempla em suas extraordinárias qualidades curativas. A seguir, você a miniaturiza ou traz um pedaço dela para dentro de uma bola com cerca de 30 cm de diâmetro, situada logo acima de sua cabeça. Bem devagar, sem perder a noção da sua força e natureza curativa, você a traz para baixo através do alto da cabeça, entrando pelo corpo, e fazendo com que ela cure todo o seu ser ou se concentre numa parte específica dele. Você pode se dedicar a isso durante um período de cinco a vinte minutos, dependendo da sua capacidade de concentração. Você imagina então que o local está sendo curado, agradece e devolve a luz para o sol até precisar dela novamente.

Imaginar Cores

Sua mente, seu corpo e suas emoções reagem às cores físicas de maneira definida porém sutil, mas responderão ainda com mais rapidez às cores imaginadas. Suspeito que esse fato tenha uma forte ligação com a intenção existente por trás de cada uso. De qualquer modo, imaginar cores é uma técnica de cura bastante conveniente e eficaz.

Muito já foi escrito a respeito dos efeitos curativos de várias cores, e nem todos os autores estão de acordo quanto aos mesmos. Vou apresentar a seguir os resultados de um ano de testes com um grupo de 10-15 pessoas, incluindo somente os efeitos com relação aos quais não houve nenhuma discordância.

Vermelho: Altamente energizante e estimulante, às vezes ao ponto de induzir sensações sexuais.

Cor-de-Rosa: Energizante de uma maneira muito mais suave, relaxante e expansiva.

Cor-de-Laranja: Muito energizante, especialmente para os músculos; tem a tendência de estimular a atividade física.

Amarelo: Geralmente expansivo, induz sentimentos de alegria e jovialidade.

Dourado: De um modo geral, rejuvenescedor e muito energizante.

Verde: De um modo geral, calmante e expansivo.

Azul: Muito calmante e com forte tendência para a contração ou a concentração.

Violeta: Mais sutilmente calmante e "difícil de descrever".

Em termos dos propósitos gerais da cura, chegamos à conclusão de que o cor-de-rosa, o dourado e o azul são as cores mais fáceis de usar. O cor-de-rosa parece funcionar melhor na tensão relacionada com o medo, nos casos de fadiga, e para estimular o trabalho de recuperação, além da atividade hormonal. O azul parece atuar melhor sobre a tensão relacionada com a raiva, nas infecções, e na diminuição dos inchaços e da febre. O dourado é uma cor de múltiplas finalidades, bastante útil quando estamos em dúvida entre o cor-de-rosa e o azul.

Como fazer uso dessas cores? Uma maneira bastante eficaz é através do que se chama "respiração colorida". Para isto, você se imagina rodeado por uma nuvem da cor desejada e depois respira profundamente, imaginando que a cor está inundando seus pulmões e fluindo através do resto do seu corpo, ou dirigindo-se a um local particular do mesmo. Certa noite, minha esposa e eu estávamos trabalhando até tarde num projeto e ficando com muito sono para poder prosseguir. Propus então que ambos começássemos a "respirar cor-de-rosa". Em poucos minutos estávamos totalmente despertos e pudemos terminar o trabalho. Bem mais tarde, fomos deitar e ficamos na cama imaginando por que não conseguíamos pegar no sono. Lembrei-me de repente do que havíamos feito, de modo que sugeri que começássemos a "respirar azul". Caímos no sono no meio do processo.

Um método muito fácil é visualizar a cor escolhida como uma luz brilhante iluminando diretamente, ou atravessando, a área que você quer curar. A luz pode assumir qualquer forma que você deseje, como uma bola, um feixe, ou uma nuvem macia. No caso de um trabalho interior, algumas vezes é mais fácil imaginar primeiro a luz fora do corpo, fazendo depois com que ela penetre no ponto necessário.

Anjos de Cura

Gosto da idéia dos anjos, mas algumas pessoas preferem chamar as imagens formadas por meio desta técnica de "guias curadores", "conselheiros da saúde", ou "médicos imaginários". De qualquer modo, o processo envolve a criação espontânea ou consciente de uma pessoa imaginária que age como a personificação de suas aptidões curativas interiores e do seu conhecimento de cura. Esta é uma maneira de tornar disponíveis informações e habilidades intuitivas que de outro modo estariam sendo bloqueadas por limitações conscientes.

Existem, mais uma vez, muitas maneiras de se fazer isto. Fornecerei dois métodos bem fáceis; um usa a imaginação por imagens, e o outro a imaginação por mímica.

No caso da imaginação por imagens, simplesmente visualize um aposento confortável, como um escritório, uma biblioteca, um estúdio ou uma sala de leitura e decore-o da maneira que preferir. Coloque um botão em algum lugar rotulado "Conselheiro de Saúde" ou qualquer outro nome que você deseje lhe dar. Aperte o botão, faça a porta se abrir, e veja quem está entrando. Pode ser qualquer pessoa – alguém que você conheça ou alguém que você nunca viu antes – mas esteja certo de que se trata de uma pessoa que sabe exatamente o que há de errado com você e o que deve ser feito a respeito. Você só precisa começar a fazer perguntas sobre o seu problema e ouvir as respostas; pode ser interessante anotá-las num caderno. É possível que a pessoa que passe pela porta não seja adequada por algum motivo. Nesse caso, você pode "dispensá-la da tarefa" e apertar o botão tentando mais uma vez. Se por acaso, o que é raro, ninguém aparecer, você terá então que construir conscientemente uma imagem com base no seu ideal de como essa pessoa deve ser. Você também pode ter preparado na sala uma mesa imaginária de tratamento permitindo que o curador trate de você ali mesmo, o que será muito benéfico no plano físico.

No caso da imaginação por mímica, o procedimento é quase o mesmo, exceto que nesse caso você visualiza que o curador está no seu ambiente real, sentando-se para conversar com você numa cadeira de verdade, e talvez aplicando-lhe um procedimento de cura como se alguém realmente estivesse presente. Tudo isso é muito mais do que apenas um exercício de imaginação, como você irá descobrir se vier a dominar esta técnica com perfeição. O conhecimento transmitido pode ser tremendamente benéfico sob o aspecto prático, e a cura terá efeitos físicos concretos. Quanto mais vividamente você conseguir imaginar estas experiências, mais eficazes elas serão. Lembre-se, porém, de que tudo que aconteceu é criação sua, e que o conhecimento e as curas tiveram lugar através da cooperação da sua Mente Ativa e da sua Mente Criativa.

Capítulo 14

Terapia Verbal

A terapia verbal enfatiza os efeitos das palavras sobre a mente, o corpo e as emoções. Ela é quase sempre usada em conjunto com outras terapias (mesmo quando o terapeuta não tem consciência desse fato), mas existem várias técnicas nas quais a terapia verbal é o recurso fundamental.

Há muito que a humanidade percebeu que as palavras têm poder. Pelo menos é o que parece. Desde o início tornou-se evidente que o mero pronunciar de determinadas palavras parece causar mudanças nos sentimentos, pensamentos, comportamentos, estado de saúde e nos acontecimentos. Em muitos casos, isso foi atribuído a uma misteriosa qualidade "mágica" das próprias palavras. Assim sendo, organizaram-se tradições em torno de palavras e frases secretas que poderiam conferir um enorme poder a quem as usasse, desde que se pudesse descobrir quais elas eram. E as pessoas experimentaram, buscaram, ensinaram e afirmaram possuir o conhecimento exclusivo de um vasto sortimento de encantamentos, fórmulas mágicas, cânticos, mantras e "palavras de poder".

Grande parte de tudo isso pode parecer tolice, e de fato o é. Não obstante, efeitos dramáticos são freqüentemente obtidos porque, por trás da tolice, encontram-se algumas verdades muito importantes. A primeira delas é que as palavras não são apenas símbolos de idéias, elas também podem ser símbolos de intenções. E, como você deve se lembrar do que foi dito no Décimo Segundo Capítulo, a intenção determinada é uma força muito poderosa. É possível ter um propósito sem palavras, mas estas servem para reforçar e focalizar a intenção, tornando seus efeitos ainda mais poderosos. E você sem dúvida sabe que algumas palavras ou combinações de palavras parecem produzir fortes efeitos emocionais porque estimulam associações de idéias intensamente emocionais. Não são realmente as palavras em si que possuem poder – pois elas não passam de símbolos – e sim as idéias que elas simbolizam.

Uma segunda verdade é que o som é energia, e determinadas combinações de sons, mesmo que sob a forma de palavras, podem exercer claros efeitos benéficos sobre nossos sistemas emocionais e físicos. Depois deste rápido apanhado geral, passemos então à análise das técnicas.

O Comando Direto

Alguma vez você já foi criticado por falar sozinho? Pois aprenda a rir dessas críticas porque esta é uma prática tradicional entre aqueles que sentem a necessidade de se preparar mental, física e emocionalmente para alguma atividade vindoura. Nesse caso, ela é chamada de "autopreparo psíquico", e é usada por atletas, executivos, conferencistas e políticos para estimular e concentrar sua energia. Ouvi dizer que John F. Kennedy costumava repetir "*Go! Go! Go!*" para si mesmo a fim de manter o ritmo acelerado que estabelecera para trabalhar, e muitas pessoas já disseram para si mesmas: "Calma" – quando sentiram que estavam prestes a perder o controle. Tudo isso é feito porque funciona, e a razão pela qual funciona é que o corpo-mente costuma responder amiúde de uma forma intensa aos comandos dotados da devida energia.

Quero deixar claro que estou fazendo uma distinção entre o autocomando e a auto-sugestão (que será analisada na próxima seção). O autocomando direto é uma ordem, e não uma sugestão ou declaração. Estas últimas certamente têm o seu lugar, mas o processo é diferente.

No comando direto você dá a si mesmo ordens que espera serem cumpridas. Especificamente, você dá as ordens para o seu subconsciente, para o seu corpo, ou para partes dele. Você pode dizer, por exemplo, "Acalme-se!" ou "Relaxe esses músculos!" ou "Fique curado!" ou "Diminua essa pressão!" ou "Livre-se dessa infecção!" ou qualquer outra coisa que seja pertinente. Você pode falar consigo mesmo como um todo, ou pode se dirigir a um dedo do pé, ao estômago, a um músculo específico. Não se preocupe com especulações filosóficas em torno do fato de o seu dedo do pé compreender ou não o que você diz. A atenção focaliza sua energia e sua intenção é traduzida pela Mente Ativa numa linguagem que o dedo do pé possa compreender.

Como eu já disse, os resultados podem ser dramáticos, mas suspeito que essa técnica funcione melhor no caso de indivíduos que foram treinados a obedecer ordens em alguma época da vida e que possuem uma auto-estima razoável. Ela poderá não funcionar tão bem no caso daqueles que se rebelam contra toda forma de autoridade, e também daqueles cuja auto-estima seja tão baixa a ponto de não acreditarem que merecem ser ouvidos, nem mesmo por si mesmos.

A Auto-Sugestão

A auto-sugestão é uma abordagem mais branda do que o comando direto. Consiste na repetição insistente de sugestões, declarações ou afirmações para si mesmo até que o corpo-mente comece a agir de acordo com elas. Trata-se na verdade apenas da inversão de um processo comum que pode ocorrer na sua vida cotidiana, em que você ou outras pessoas o sugestionam até você ficar doente. Por exemplo, se você sempre se retrata como doente, fraco, cansado ou susceptível a doenças, estas palavras atuam como auto-sugestões que, ou provocam uma doença, ou atrapalham o seu processo natural de cura. Por outro lado, prestar atenção às sugestões doentias de outras pessoas *sem se declarar contrário a elas no plano interno* pode ser tão ou mais nocivo do que adoecer por auto-sugestão. Peço desculpas se você já ouviu antes o que vou contar, mas existe uma história a respeito de alguns alunos de uma cadeira de psicologia, numa escola do segundo grau, que decidiram fazer uma experiência com uma colega. A primeira pessoa que viu a menina de manhã disse-lhe que ela não estava com boa aparência, embora a garota afirmasse estar se sentindo bem. A segunda pessoa aproximou-se e perguntou se ela estava doente e ela disse que achava que não. Quando vários outros colegas começaram a fazer a mesma coisa, a pobre garota aceitou as sugestões dadas, ficou doente e precisou ir para casa. Nesse caso, o "cancelamento" mental das sugestões, seguida da reafirmação do seu estado de saúde e bem-estar, teriam superado o efeito nocivo. Normalmente você não recebe um ataque tão intenso de sugestões negativas, mas elas existem em abundância, de modo que vale a pena ter em mente a técnica da auto-sugestão sadia.

As sugestões em si podem estar de acordo com o que foi discutido no capítulo sobre afirmação, sem esquecer o que foi dito na seção acima, ou seja, que as sugestões podem ser dirigidas tanto para partes específicas do corpo quanto para todo o ser.

A Substituição de Versos Rimados e da Letra das Canções

A poesia era considerada tão especial pelos antigos gregos que eles a colocaram sob a responsabilidade de uma deusa. Um dos motivos para tanto foi a descoberta de que a poesia era capaz de alcançar mais direta e rapidamente a alma (o subconsciente) do que a prosa ou a linguagem comum. Por alguma razão misteriosa, ela era capaz de gerar profundos efeitos emocionais, sendo também mais fácil de ser lembrada. Num número considerável de culturas, as pessoas responsáveis pela cura descobriram que conseguiam obter resultados muito bons quando as sugestões de cura eram expressas sob a forma de cânticos rimados. Algumas vezes estes se dirigiam aos deuses e aos espíritos, mas mesmo assim eram absorvidos e relembrados pelo subconsciente do enfermo.

Não há necessidade de você procurar um exótico cântico de cura, oriundo de alguma terra longínqua, porque é mais a cadência rítmica que funciona do que propriamente as palavras. Você só precisa criar a sua própria rima de natureza curativa, e obterá uma forma de auto-sugestão que tem a possibilidade de alcançar as profundezas do seu subconsciente e de lá permanecer. Eis alguns exemplos que irão estimular a sua criatividade:

A vida é a energia
que toca o meu viver;
de noite e de dia
saúde eu hei de ter.

e:

Estou decidido:
eu hei de ficar bom.
Meu corpo harmoniza-se
com esse novo tom.

É claro que você pode colocar o nome de qualquer parte do corpo ou de qualquer doença para fazer o seu versinho.

Não são apenas as rimas que tendem a permanecer conosco; o mesmo acontece com algumas cantigas ou melodias. Algumas empresas despendem vultosas quantias para enviar *jingles* atraentes e depois simplesmente acrescentam as palavras que promovem sua marca específica de refrigerante, de frango ou de qualquer outro produto. Algumas das melodias são tão bem preparadas para atingir o subconsciente que mesmo as crianças bem pequenas as aprendem mais rápido do que os assuntos que lhes são ensinados na escola. O que estou recomendando é que você tire vantagem disso, substituindo as letras dos *jingles* pelas suas afirmações de cura, permitindo então que elas comecem a condicioná-lo de uma maneira saudável. Nesse caso, você não precisa fazer uma rima porque a própria melodia já fornece o ritmo. Uma simples frase como "Estou ficando curado agora" pode ser adaptada a qualquer melodia que sua mente tenha facilidade para guardar. A repetição de uma única frase, acompanhada pela melodia atraente, pode ser extremamente eficaz.

Existe ainda uma outra maneira de usar esse processo e que difere apenas um pouco da acima descrita. Nesse caso, você utiliza a receptividade do seu subconsciente para qualquer música que esteja ouvindo. O que você faz é substituir as palavras dessa melodia que está sendo tocada no rádio, no toca-discos, no toca-fitas, etc., pela sua frase de cura. Ocasiões excelentes para praticar esse procedimento são os períodos em que você está dirigindo ou é passageiro de um carro, em que espera para ser atendido numa fila ou num escritório, ou em qualquer ocasião que você tenha música nos ouvidos e tempo à sua disposição.

A Concentração de Cinco Minutos

Esta técnica se assemelha à da transformação das crenças, descrita no Décimo Segundo Capítulo, com a diferença que, neste caso, você está claramente empregando o Efeito Reprodutor da concentração ao programar mudanças em seu estado físico. Você cria uma declaração que representa o estado desejado, formulando-a como se ele já fosse um fato. Você a repete várias vezes durante cinco minutos, reforçando-a, se necessário, com imagens do novo estado e com sentimentos positivos de prazer por essa conquista. Mais uma vez, você começa a sessão se lembrando de que é você quem cria a sua própria realidade e faz de conta que nada mais existe, além do momento presente ainda informe. Embora você possa se sentir tentado a combinar a sessão de alteração de crenças com esta, mantenha-as separadas para obter melhores resultados.

Sonorizando

Algumas pessoas chamariam esta técnica de entoação, mas prefiro reservar tal termo para a repetição de palavras ou frases cujo objetivo fundamental é programar informações em seu subconsciente. "Sonorizar" é o termo que uso para a expressão repetitiva de sons que podem ou não estar sob a forma de palavras ou frases identificáveis, e que podem ou não ter algum significado, mas que produzem um efeito terapêutico.

Muitas pessoas estão agora familiarizadas com esses sons na forma de "mantras", normalmente associados às práticas iogues ou hindus, embora o conceito seja usado em muitos outros sistemas filosóficos e religiosos. De um modo geral, o objetivo da repetição monótona do mantra ou som é alcançar um estado particular de meditação ou um estado alterado de consciência, e ela pode funcionar muito bem para esse fim. Alguns estudos médicos demonstraram que essa prática pode reduzir o estresse e produzir determinados benefícios para a saúde, induzindo um estado generalizado de relaxamento físico. Com base na minha experiência pessoal, estou convencido de que os sons adequados também estimularão o fluxo biológico de energia, o que pode produzir efeitos de cura ainda mais intensos.

Existe uma grande controvérsia a respeito de quais os sons que produzem os melhores efeitos. O Dr. Herbert Benson, que realizou alguns dos estudos acima mencionados, acha que as palavras têm relativamente pouca importância; ele alcançou resultados muito bons apenas repetindo "Um", junto com a respiração profunda, e ficando sentado tranqüilamente por um período de dez a vinte minutos. Contudo, os resultados também podem ser facilmente obtidos se a pessoa apenas se mantém sentada, tranqüila, e faz uma respiração profunda. Na verdade, isso também se aplica aos sistemas religiosos e semi-religiosos que combinam o som com a respiração profunda e a imobilidade física. O filósofo metafísico J. Krishnamurti disse que a palavra "Coca-cola" funcionará tão bem quanto qualquer outra, nesse contexto. Quando executado dessa maneira, o procedimento torna-se simplesmente um meio para alcançar o Efeito do Estado Alterado de concentração, descrito no Quarto Capítulo.

Não existe nada errado com isto, e o processo pode ser bastante saudável, mas o que estou prestes a sugerir é um pouco diferente. Depois de muitos experimentos, descobri que determinados sons, inclusive os mais tradicionais para a meditação, podem produzir efeitos terapêuticos por si mesmos, sem nenhuma respiração especial e sem uma imobilidade física prolongada. Eles podem ser usados quando dirigimos, caminhamos, esperamos em algum lugar, ou até mesmo enquanto executamos tarefas pouco interessantes. Minha opinião é que grande parte dos benefícios obtidos decorrem da vibração física gerada por esses sons, o que induz o relaxamento muscular através da micromassagem, além de estimular o fluxo de bioenergia. Eu posso estar errado com relação *à maneira como* a coisa funciona, mas isto tem bem menos importância do que o fato de ela parecer *realmente* funcionar para muitas pessoas.

Segundo a minha experiência, um dos melhores sons para este fim pode ser soletrado "AUM", embora na verdade ele seja uma combinação de diversos sons. Sua transcrição soaria na prática mais ou menos como "aaaaa-ôôôôô-mmmmmmm", com o som "m" sendo pronunciado por mais tempo do que os outros. É melhor que o som seja alongado, mas não existe uma duração preestabelecida para ele. Para obter os benefícios, você só precisa repetir o som três ou mais vezes. É claro que, quanto mais você o repetir, maior a chance de ele funcionar, mas não percebi nenhum aumento particular nos benefícios depois de cinco minutos. O processo pode ser realizado em silêncio, mas creio que os efeitos são maiores se ele for feito em voz alta, mesmo que com suavidade. Talvez você seja capaz de sentir claramente o fluxo de bioenergia se se sentar numa posição confortável, com as mãos no colo, e as palmas voltadas para cima. Preste atenção ao que sente nas mãos, repita a palavra acima três ou quatro vezes e depois preste novamente atenção nas suas mãos. Você poderá sentir um aumento da sensação, na forma de um formigamento, por exemplo. Como alternativa, mantenha a palma das mãos alguns centímetros acima de qualquer superfície plana e pronuncie a palavra. A sensação poderá ser ainda mais intensa. Isto demonstra que sua energia está fluindo, o que é muito bom para você.

Capítulo 15

Terapia Emotivacional

A principal função da terapia emotivacional consiste em libertar e estimular o fluxo de energia pelo corpo. Ou então, se você preferir, pode-se dizer que sua atenção mais direta é a liberação da tensão. Não obstante, ela está basicamente voltada para o alívio dos sintomas. Não estou querendo dizer que exista qualquer coisa de errada com o alívio de sintomas. Às vezes é absolutamente necessário aliviá-los para que possamos ter a clareza necessária no trabalho com as idéias que os causaram. E existem ocasiões em que, quando atenuamos os sintomas de uma doença, a cura acontece por si mesma. Não obstante, é preciso que você esteja consciente de que algumas vezes isso não ocorre porque aliviar um sintoma é completamente diferente de realizar uma cura, e isso se aplica tanto à Imaginação Ativa voltada para a saúde quanto à medicina tradicional. Se a idéia por trás da doença não sofrer alteração (de forma automática ou não), o alívio do sintoma será apenas temporário.

Ainda assim, eliminar a dor causada por uma doença é uma boa maneira de começar, e, embora esse seja o último tipo de terapia comentado neste livro, é em geral o primeiro que ensino aos meus alunos. A principal razão para tanto é que ele é o mais fácil de ensinar e de usar. Acredito que a aplicação em larga escala da terapia emotivacional seria capaz de produzir conseqüências dramáticas que mudariam totalmente a prática da medicina nos Estados Unidos.

O Toque Terapêutico

Mencionei no Terceiro Capítulo os campos e as correntes bioenergéticas e vou lhes ensinar agora como colocar em prática essas informações.

É provável que o mais antigo agente de cura da humanidade seja a bioenergia, habitualmente transferida de uma pessoa para outra. Ela está freqüentemente associada na mente das pessoas a grupos religiosos carismáticos (nos quais sua técnica é denominada de "imposição das mãos"), a práticas esotéricas como a ioga, ou a indivíduos dotados de dons "paranormais". Entretanto, o que efetivamente ocorre é que *todo mundo* (inclusive você!) possui a habilidade latente de usar essa energia natural com um objetivo de cura, sem nenhum treinamento longo ou complicado. Como qualquer outra coisa, quanto mais você a empregar melhor o fará. Mas o processo é tão fácil de aprender que sua maior dificuldade está em apenas aceitar o fato. Eu sei que é fácil porque o aprendi sozinho e o tenho ensinado a muitas outras pessoas em questão de minutos.

Felizmente, o desenvolvimento dessa capacidade inerente de cura está crescendo tanto em popularidade quanto em respeitabilidade. Para citar um exemplo, o tema faz parte do programa de Mestrado em Enfermagem da Universidade de Nova York e está sendo ensinado a um número cada vez maior de enfermeiros em todo o país. Algum dia, talvez passe até a fazer parte do currículo dos médicos, o que representaria um grande avanço. Ainda assim, é importante perceber que também funciona muito bem sem uma especialização profissional.

Que eu saiba, a expressão "toque terapêutico" foi usada pela primeira vez pela dra. Dolores Krieger, uma professora de enfermagem da Universidade de Nova York. Trata-se de uma expressão excelente porque faz com que o processo pareça menos misterioso, o que em si já é bom. Mas ela é até certo ponto enganosa porque com freqüência os melhores efeitos são alcançados com as mãos a alguns centímetros de distância da pele, em vez de realmente tocando-a. O porquê desse fato é uma questão controversa.

As tentativas de explicar o que está acontecendo variam desde a sugestão simples (por parte das pessoas mais céticas), até a transferência de elétrons (por parte das pessoas mais científicas). No que me diz respeito, uso a teoria funcional (o que quer dizer que ela funciona, embora possa não vir a se mostrar perfeitamente correta), segundo a qual há uma concentração consciente e a intensificação do nosso campo e corrente bioenergéticos. O processo é executado através do pensamento e da emoção dirigidos. É claro que algumas pessoas fazem exatamente isso, mas de modo inconsciente. São aquelas perto das quais nos sentimos automaticamente mais calmos, vigorosos, etc. O processo consciente, contudo, pode ser ainda mais eficaz. E, da mesma maneira como você talvez não saiba como seus músculos funcionam para que você possa andar, você não precisa saber exatamente como o toque terapêutico atua para poder usá-lo.

Uma vez que este é, antes de mais nada, um livro de autocura, não vou explicar aqui todas as possíveis maneiras de se usar esta técnica para ajudar as outras pessoas. Em vez disto, vou descrever como você pode usá-la em si mesmo, o que é uma possibilidade ignorada por muitos indivíduos que trabalham com o toque terapêutico.

Caso você tenha a idéia de que esta técnica envolve uma pessoa com muita energia revigorando uma outra com pouca energia, talvez esteja se perguntando como é possível usá-la em si mesmo quando estiver, por hipótese, doente ou desenergizado. Se isto fosse verdade, é claro que não faria sentido. Mas, de acordo com a minha teoria funcional, a doença é causada pela tensão localizada que bloqueia ou inibe o fluxo de energia, e não por uma falta de energia. Acredito que, quando uma pessoa aplica o toque terapêutico, o efeito é um aumento do fluxo presente e uma liberação da tensão. A partir daí, o corpo é capaz de assumir o controle, acionando seus processos curativos naturais até então inibidos pelo bloqueio. Seja qual for a explicação, o fato é que você pode usá-lo em si mesmo, o que é confirmado por muitas experiências.

Os recursos mais imediatos para o toque terapêutico são suas mãos, especificamente as palmas e as pontas dos dedos. Geralmente, estas são áreas nas quais seu campo bioenergético é muito intenso, e você pode aumentar essa intensidade de uma maneira muito simples. Durante meus estudos sobre os curadores havaianos e africanos, descobri que eles costumam esfregar rápida e vigorosamente as palmas das mãos umas nas outras antes de aplicá-las no paciente. Ao experimentar isso em mim mesmo, percebi que, além do efeito de formigamento, sentia uma leve e estranha pressão quando voltava minhas mãos uma para a outra, mantendo entre elas uma distância de 15 a 30 cm. Experiências posteriores demonstraram que eu podia aumentar essa sensação de pressão imaginando e desejando que "mais" energia saísse das minhas mãos. Quando eu aproximava minhas mãos de outras pessoas, mantendo-as a alguns centímetros da pele, elas declaravam ter sensações de formigamento, calor, ou de algo fluindo e, gradualmente, passei a ter as mesmas sensações quando as mantinha um pouco afastadas do meu próprio corpo. Mais impressionante ainda foi descobrir que, ao fazer isso, eu era capaz de aliviar muitos dos meus sintomas, quer estivessem na superfície da pele ou dentro do meu corpo. Com base nisso e no que ensinei a outras pessoas, sugiro algumas etapas a serem seguidas para a auto-aplicação do toque terapêutico:

1. Respire profundamente duas ou três vezes e relaxe os músculos, ou use um dos exercícios de relaxamento descritos anteriormente. Embora não sendo totalmente necessário, ajuda bastante.

2. Esfregue rápida e vigorosamente a palma das mãos uma contra a outra, de 15 a 30 segundos.

3. Mantenha as palmas 15 cm afastadas uma da outra e imagine que existe um campo de energia entre elas que está se tornando cada vez mais forte. Isso deve levar apenas alguns segundos. Neste ponto, não se preocupe com o fato de estar ou não sentindo alguma coisa. Isto surgirá por si.

4. Coloque as mãos logo acima da área a ser tratada e imagine que a energia está penetrando e curando o problema. Pode ser útil imaginar que a energia possui uma cor particular. Se o problema for dentro do corpo, imagine apenas que a energia está entrando para efetuar o seu trabalho. Pessoalmente, gosto de manter as mãos levemente em concha e inclinadas para dentro, como se a energia estivesse sendo direcionada para o ponto a ser trabalhado, mas faça o que sentir que é melhor para você. Acrescente quaisquer afirmações que julgar adequadas. Se tiver a impressão de que a energia está diminuindo, friccione novamente as mãos e volte a aplicá-las. Você pode fazer isto durante o tempo que desejar, mas raramente o faço por mais do que cinco minutos por vez, e no geral até menos. Sim, a imaginação desempenha um papel importante; sim, a sugestão também é um fator de peso; e sim, de fato há um efeito energético.

5. Se a parte do corpo que você deseja tratar estiver fora do seu alcance, aproxime-se dela o mais que puder, respeitando o seu conforto, e imagine que a energia está fluindo para ela, o que realmente irá acontecer.

Rastreamento

Esta técnica, de certo modo semelhante ao toque terapêutico, é freqüentemente usada como parte de uma prática denominada cinesiologia que está sendo empregada por um número cada vez maior de quiropráticos. O rastreamento envolve mover a mão ou os dedos ao longo de certas linhas invisíveis do corpo chamadas de "meridianos" pela acupuntura chinesa. Minha inovação (que eu saiba) é aplicar a técnica em si mesmo. Uma vez que todas as explicações de como ela funciona são teóricas, prescindirei das mesmas, exceto para sugerir que o ato do rastreamento provavelmente estimula o fluxo da corrente bioenergética.

Como esse é um processo de auto-aplicação, vamos lidar com apenas três linhas ou meridianos. Uma delas pode ser imaginada como uma linha que se estende do centro do peito, passa pelo lado de baixo do braço esquerdo, desce por ele e sai pela ponta do dedo mínimo. A segunda linha faz o mesmo percurso ao longo do braço direito. A terceira linha sobe pelo centro do corpo.

Para proceder ao rastreamento você pode usar a palma das mãos ou a ponta dos dedos. Para investigar o lado esquerdo, comece com a mão direita no centro do peito e deslize-a ao longo da linha até o dedo mínimo da mão esquerda com um suave movimento de varredura, repetindo todo o processo pelo menos três vezes. O rastreamento do lado direito é semelhante, exceto, é claro, que você usa a mão esquerda. A linha central pode ser rastreada com qualquer uma das mãos, deslocando-a da virilha até a testa. O movimento das mãos nessas direções tende a produzir um efeito tonificante ou revigorante capaz de aliviar a dor e a tensão associadas ao medo, à depressão e à fadiga. O rastreamento no sentido *oposto* tende a produzir um efeito calmante quando isso é desejável. Nenhum preparo especial é necessário, embora você possa perceber que relaxar e friccionar as mãos antes de começar produz melhores resultados.

Mergulhando na Dor

Um dos piores sintomas da doença é a dor, de modo que você pode pensar que estou maluco ao sugerir que se torne mais consciente dela. A dor é algo de que queremos nos livrar, e não encorajar, certo? Bem, sim; não obstante, um dos efeitos mais curiosos com que já me deparei é que prestar mais atenção à dor freqüentemente faz com que ela desapareça. De uma maneira que ainda não consegui compreender, o aumento da percepção parece aliviar a tensão que produz a dor.

Por exemplo, no caso de uma dor repentina decorrente de um encontrão ou uma pancada num objeto imóvel, a coisa mais natural que temos a fazer é nos afastar e pressionar o local dolorido mantendo-o imóvel, enquanto tentamos fazer parar a dor. Entretanto, caso você tenha a ter novamente essa experiência, tente repetir cerca de meia dúzia de vezes o movimento que provocou o contato logo depois de este acontecer, sem efetivamente tocar no objeto. Na maioria das vezes, a dor irá rapidamente diminuir ou desaparecer. Eu sei que isso contraria a sua disposição natural, mas tente assim mesmo.

No caso de outros tipos de dor, em vez de se afastar, mergulhe diretamente nela conscientizando-se o mais possível da sua presença. Sinta-a completamente como uma experiência pura sem julgar, criticar ou se queixar. Com freqüência ela diminuirá ou desaparecerá em cinco ou dez minutos. Como alternativa, você talvez possa analisá-la até que deixe de existir. Esse processo exige que você faça perguntas a si mesmo a respeito da dor e que você dê as respostas, não importa quão estranhas ou irrelevantes elas possam parecer. As seguintes perguntas podem servir de diretriz. Seja qual for o caso, você deverá apresentar algum tipo de resposta:

Qual a sua forma? (redonda, quadrada, oblonga, etc.)
Qual o seu tamanho? (comprimento, largura, profundidade em centímetros ou metros)
Quanto pesa?
Qual a sua cor?
Com que rapidez ela se desloca? (em quilômetros por hora ou ciclos por segundo)
Qual a sua idade?
Quanto ela vale? (em cruzeiros)

Quando tiver concluído sua análise, a dor talvez já tenha desaparecido, ou pelo menos diminuído consideravelmente de intensidade.

Mobilização Induzida

Esta técnica deriva da indução emocional do Terceiro Capítulo. Ali eu afirmei que tanto a raiva como a compaixão podem ser emoções extremamente estimulantes e saudáveis. Elas não apenas podem afastar a depressão e a apatia, como também, em algumas circunstâncias, são efetivamente capazes de eliminar sintomas de doenças e desempenhar um importante papel na concretização da cura. A compaixão é uma forma de amor, e minha mulher, que trabalha como consultora em hospitais de convalescentes, falou-me a respeito de uma senhora idosa que estava sentindo tantas dores que não conseguia sequer se vestir para ir comer no refeitório. Quer dizer, até que foi internado um atraente paciente que pareceu se interessar por ela (e ele andava perfeitamente bem). Em pouco tempo ela estava se vestindo sem ajuda, e passou a descer para fazer as refeições com ele no refeitório, e a maioria dos seus sintomas desapareceu ou apresentou uma grande melhora.

Tudo indica, porém, que a compaixão e o amor são mais facilmente estimulados do exterior e, se as circunstâncias não os tornam disponíveis, a raiva é então uma outra abordagem bastante válida. Não sou a favor de direcionar a raiva contra alguém ou alguma coisa, mas sou a favor de mobilizá-la profunda e intensamente contra as próprias limitações da doença. É esse tipo de raiva que transformou aleijados em atletas, e que pode fazer de você uma pessoa saudável e vigorosa, não importa qual a sua condição atual. Isso acontece porque quando você fica suficientemente zangado com suas limitações, você consegue transpô-las e atira para o lado as idéias que as causaram. É claro que isso não é fácil porque a repressão da raiva pode fazer parte do seu problema; mas se você não encontrar uma maneira de fazer com que suas emoções fluam, você talvez continue simplesmente a afundar. As emoções são a forma de energia mais poderosa, e por conseguinte mais potencialmente saudável que existe.

Capítulo 16

A Cura pela Cooperação

A ênfase fundamental deste livro foi a autocura, ou o que podemos fazer sozinhos para melhorar a nossa saúde. Esta ênfase é necessária como alternativa à tão difundida abordagem mecanicista que favorece uma dependência quase completa de alguém ou de alguma coisa que fará a cura por nós. Na nossa sociedade, os médicos, os psiquiatras, os psicólogos, os sensitivos e curadores pela fé, os hipnotizadores, e assemelhados, são investidos de um status divino ou semidivino, em função daquilo que é esperado que realizem para a saúde de uma pessoa. Ao mesmo tempo, os remédios, as ervas, as dietas, os exercícios e as massagens são contemplados com qualidades mágicas, pelo mesmo motivo. Enquanto perdurar esta situação, o processo de cura permanecerá extremamente dispendioso e só terá uma eficácia parcial. Até que você perceba que *é a única origem verdadeira da sua própria cura*, é provável que você continue a atribuir às pessoas e às coisas um poder maior do que elas merecem e até mesmo maior do que têm. Você precisa compreender que o título de "curador" é mais uma cortesia do que um fato. Seria mais adequado chamar o outro de "auxiliar de cura".

Precisamos de quem nos Ajude

A prática da autocura não exige que você rejeite a ajuda de outrem ou se recuse a procurá-la. Em muitos casos, isso é simplesmente bobagem. Não obstante, sinto-me muitas vezes na obrigação de ter que lembrar esse fato aos meus alunos. Temos a forte tendência de ir a extremos quando se trata de pôr de lado idéias antigas e abraçar novas. Quando percebemos o quanto dependemos dos outros para sermos saudáveis, temos a tentação de dizer: "Muito bem, a partir de agora não vou mais depender de ninguém!"

Se você pensar um pouco a respeito, compreenderá que não existe uma independência completa, seja na saúde ou em qualquer outra coisa. Dependemos da terra e das criaturas vivas para obtermos ar, comida e água, e dependemos das outras pessoas para obtermos bens materiais, serviços, conhecimento e satisfação emocional. Em nenhum dos casos, entretanto, existe uma dependência unilateral. Em vez disso, há uma grande interdependência, uma forte e necessária cooperação que ocorre consciente ou inconscientemente, de bom ou mau grado. A qualidade do funcionamento dessa cooperação depende de como a fazemos funcionar.

No que diz respeito à cura em particular, muitas vezes precisamos de ajuda sob a forma de pessoas que possuem um conhecimento útil, aptidões, técnicas, energia, e/ou amor, e, em geral, acontece que podemos usar de modo eficaz fatores suplementares como remédios, dietas, vitaminas, exercícios, etc. Fazer uso de qualquer uma dessas coisas não é sinal de fraqueza e, sim, um indício de inteligência quando o fazemos compreendendo que essas pessoas e coisas se destinam a nos ajudar a nos curar a nós mesmos e não a nos tornar saudáveis. Será bom para você recordar as seguintes idéias essenciais:

O Propósito da Cura é Ter Saúde –
E Não Fazer a Demonstração de um Método.
Use Aquilo que Dá Certo para Você.

Nas próximas seções apresentarei algumas idéias a respeito de como praticar a cura pela cooperação.

Como Cooperar com a Comida, os Remédios, os Exercícios, etc.

Não há necessidade de uma longa exposição a esse respeito. Usando os recursos mentais que você já adquiriu com a leitura deste livro, simplesmente afirme para o seu corpo quais os efeitos que deseja obter do recurso que está sendo utilizado e imagine que os resultados estão ocorrendo. Não posso lhe dizer o que tomar ou fazer, nem tampouco quando tomar ou fazer algo. Para isso, você precisa ouvir o conselho dos especialistas e depois fazer o que julgar melhor para você. Quanto mais à vontade você se sentir e quanto mais convencido estiver da eficácia dos recursos adotados, melhores serão os resultados obtidos. Eu gostaria apenas de recomendar que você não empreenda coisa alguma em resultado de uma obediência automática a uma "autoridade", ou por medo do que poderia acontecer se você deixasse de fazê-lo. Resolva se o remédio, o exercício, ou seja lá o que for, irá ajudá-lo a se curar, e depois, se você chegar a uma resposta positiva, use-o com esse propósito em mente.

Como Cooperar com os Médicos

Os comentários seguintes se aplicam à profissão médica de um modo geral, e é claro que eles não levam em consideração os antecedentes filosóficos, técnicos, nem as idéias particulares de determinados médicos.

Em primeiro lugar, quando falo em "cooperar" com um médico, não estou me referindo ao tipo de obediência cega ou à concordância irrestrita, tantas vezes implícitos nesse termo. Estou me reportando à definição do dicionário: "agir ou trabalhar em conjunto". Isso significa que o que você faz é exatamente tão importante (e na verdade mais importante, uma vez que se trata do seu corpo) quanto o que o médico faz. Você é o terapeuta, o médico é o ajudante. Descreverei agora sucintamente dois tipos de médicos com os quais é provável que você venha a lidar – os médicos do corpo (o que inclui clínicos gerais, cirurgiões, quiropratas, homeopatas, acupunturistas, etc.) e os médicos da mente (psiquiatras, psicólogos, hipnoterapeutas, etc.).

Os médicos do corpo são altamente qualificados, intensivamente treinados, são mestres em mecânica corporal. Eles sabem muito a respeito de como o corpo funciona como mecanismo, embora existam muitas coisas novas, até mesmo com relação a esse aspecto, sobre os quais eles nada sabem. Grande parte de suas informações a respeito da doença está baseada em teorias porque uma boa parcela do seu treinamento envolveu o estudo de pessoas mortas, e não vivas. Via de regra, eles não são treinados nos aspectos mentais e emocionais das doenças, não se sentem à vontade nessa área, quando não lhe são hostis. Eles também têm a tendência de enfatizar um método específico de tratamento (aquele no qual despenderam muito tempo, esforço e dinheiro para serem treinados) como sendo *o* melhor método, e costumam sentir-se constrangidos a respeito do valor de outros métodos. Não obstante, existem ocasiões em que sua habilidade pode ser extremamente útil. Sempre que eu julgo precisar dos serviços de um mestre de mecânica do corpo, não hesito em marcar uma consulta. Ao mesmo tempo, compreendo que o estou contratando para me ajudar, e que, a despeito de toda a sua habilidade, o melhor que ele pode fazer é promover o meu processo de cura. No que diz respeito ao seu corpo, você é o patrão e o médico do corpo é o especialista que você contratou. Escute o que ele tem a dizer, questione tudo que não compreender ou de que discorde, e "co-opere" com qualquer programa de tratamento usando os métodos dele para suplementar o seu próprio trabalho de criação de imagens.

Em geral, os médicos da mente também são altamente qualificados e intensamente treinados, mas estão lidando com algo muito menos palpável do que o corpo físico, a saber, idéias e emoções. Em geral, eles são muito hábeis para rotular os sintomas, mas costumam esquecer que o rótulo não é uma explicação. A maioria dos médicos da mente seguem uma "escola" particular de pensamento (freudiana, junguiana, behaviorista, etc.) que enfatiza determinadas técnicas em detrimento de outras, e tendem a conceder o mérito de qualquer alívio ou cura à técnica e não à pessoa. O fato é que ninguém jamais foi curado por uma técnica, assim como ninguém jamais foi curado por um medicamento. As técnicas e os remédios podem ser úteis para ajudar o corpo a se curar, mas eles não funcionam sozinhos. Um bom médico da mente domina com maestria as técnicas de autoconscientização e em geral possui um vasto cabedal de conhecimentos generalizados a respeito da mente e das emoções, bem como sobre sua interação com o corpo. Esse conhecimento é muito mais generalizado do que o do médico do corpo, porque dois corpos humanos, que podem ser observados diretamente, têm muito mais em comum do que duas mentes humanas, que não podem ser diretamente analisadas. Levando em conta suas próprias crenças e preconceitos pessoais, os médicos da mente amiúde têm sólidos conselhos a dar a respeito de maneiras eficazes de pensarmos e nos relacionarmos. Desse modo, eles podem ser contratados para lhe ensinar técnicas de como se tornar consciente de si mesmo, bem como para lhe aconselhar a respeito da melhor maneira de canalizar seus pensamentos e emoções. Mas, como o médico da mente não pode conhecer a *sua* mente ou as *suas* emoções, o melhor uso que você pode fazer desse profissional é escolhendo, dentre o que ele oferece, as técnicas e os conselhos que você acha que serão mais úteis para você. Mantenha-se suficentemente receptivo para tentar qualquer coisa que ache que não é totalmente errada, mas adote apenas o que funciona para você.

Como Cooperar com os Curadores Sensitivos

Você poderá ou não recorrer a um algum dia, mas de qualquer modo existem por aí muitos curadores sensitivos de boa qualidade. Quando eu digo "de boa qualidade" estou me referindo àqueles que estão sinceramente tentando ajudar as pessoas e que são bastante positivos na sua atuação. Normalmente, o que eles fazem é compartilhar conosco um suprimento abundante de bioenergia para ajudar o processo de cura do nosso corpo, além de nos darem sugestões voltadas para a cura. A única maneira que conheço de determinar se um curador sensitivo é "de boa qualidade" é perguntando a outras pessoas que já o procuraram antes, ou experimentando para ver como você reage. À semelhança dos médicos, o curador sensitivo pode ser levado a acreditar que o método ou a técnica por ele adotada pode curar, mas não permita que esse fato o impeça de utilizar a energia adicional que ele é capaz de lhe fornecer. O curador sensitivo também não é mais do que um especialista que você contratou e que você pode usar para suplementar a sua autocura. Quanto melhor a sua sintonia com o curador, melhores os resultados que irá obter. Se você for cético a respeito do assunto, pense em pelo menos tentar – você pode ter uma boa surpresa. Se estiver com medo, recomendo que deixe de lado essa forma de ajuda a não ser que consiga superar esse sentimento, porque ele irá interferir com qualquer possível benefício. Caso você se decida a experimentar um curador sensitivo – como suplemento aos seus esforços pessoais – compreenda sob todos os prismas que você é livre para combinar ou acrescentar esse tipo de tratamento a qualquer coisa que possa estar recebendo dos médicos. Eles não são incompatíveis, pelo menos não no que respeita ao tratamento. Algumas vezes, médicos e curadores sensitivos não se dão muito bem, mas isso é problema deles e não seu. Lembre-se de que o seu objetivo é ficar curado, de modo que não hesite em recorrer a quaisquer recursos que possam estar disponíveis, ao mesmo tempo que tem em mente que você é o seu melhor terapeuta.

Como Cooperar com um Amigo

A Imaginação Ativa é um processo pessoal, que fica muito mais fácil de ser usado quando compartilhado e ajudado por um amigo. Esse amigo pode ser um parente, um companheiro habitual ou um conhecido, desde que ambos concordem quanto à validade do que você estiver fazendo. Vocês podem se ajudar mutuamente fazendo juntos os vários exercícios, talvez alternando-se na direção dos mesmos, lembrando um ao outro as técnicas disponíveis e os significados das regiões do corpo, e partilhando a bioenergia sempre que um dos dois precisar. A criação de imagens mentais pela Imaginação Ativa é mais divertida e eficiente quando podemos fazê-lo junto com uma outra pessoa.

Como Começar uma Cooperativa de Cura

Sem sombra de dúvida, a melhor maneira de praticar a Imaginação Ativa é reunir-se com um grupo de pessoas interessadas em aprender a se curar, e que estejam dispostas a ajudar outras pessoas a fazê-lo. Ao congregar suas idéias, energias, recursos, incentivos e estímulos, é possível produzir melhoras substanciais e até mesmo impressionantes na saúde de todo o grupo. Sei disso por experiência própria, porque essa foi a experiência das cooperativas que já formei. A mais antiga já está em funcionamento há cerca de sete anos e o número de seus membros tem variado de três a mais ou menos vinte e cinco. Bem, não vou dizer que todos na cooperativa estão sempre com a saúde perfeita, mas isso acontece com muitos que não costumavam ser saudáveis, e o restante goza de perfeita saúde por um período muito mais longo do que antes. Quando ficam doentes por motivos pessoais, logo recebem apoio e são ajudados a ficar novamente saudáveis pelos outros membros do grupo. Resfriados, gripes e outros pequenos males são extremamente raros nos grupos, e quando acontecem duram muito pouco. A maioria dos membros da cooperativa procura muito menos os médicos porque precisa muito menos deles, e alguns até esqueceram como é um consultório médico. Os que sofreram acidentes se recuperaram muito mais rápido do que o esperado e os poucos com doenças graves (iniciadas antes de se juntarem ao grupo), recebem todo o apoio de que necessitam.

Não existe uma maneira preestabelecida de formar uma cooperativa de cura, de modo que farei simplesmente algumas sugestões, baseadas na minha experiência pessoal. O elemento principal é o desejo de prestar uma ajuda mútua para que todos se tornem e permaneçam saudáveis.

A Organização

1. Faça uma coisa simples. Tudo o que você realmente precisa é de um líder ou organizador que seja responsável por marcar e dirigir as reuniões e as atividades. Você não tem de se preocupar com funcionários e comissões. Permaneça informal, tome as decisões de acordo com o consenso do grupo e se esforce por alimentar um clima de apoio geral, de modo que sempre existam voluntários para tudo o que precisa ser feito. É nesse tipo de atmosfera (poderíamos chamá-la de amorosa) que a cura cooperativa pode fluir livremente.

2. Organize reuniões semanais regulares, se possível. Isso funciona como uma "recarga" para fazer com que as pessoas continuem a pensar em função da saúde da cura de si mesmas. Se não puderem se encontrar todas as semanas, façam reuniões quinzenais. Reúnam-se até uma vez por mês, se for o caso, mas seu grupo deixará de ser eficaz se as reuniões forem menos freqüentes que isso.

3. De três a sete é um bom número de membros para uma cooperativa de cura. Se o grupo ficar muito maior torna-se necessário um líder forte e alguma reorganização. Uma possível solução é dividir o grupo maior em subgrupos, com o grande grupo reunindo-se uma vez por mês e os menores, uma vez por semana. Uma

outra solução é fazer reuniões semanais com o grupo maior e mensais com os menores, porém em ocasiões diferentes. Quanto maior o grupo, mais ele tende a se transformar numa audiência passiva com alguns poucos líderes ativos. Isso pode ser útil como forma de transmitir conhecimento, mas deixa de ser uma cooperativa. Mantenha um número reduzido de pessoas nas cooperativas, e se muitas outras pessoas demonstrarem interesse em participar das atividades, você pode organizar reuniões gerais de diferentes cooperativas que também realizam suas próprias reuniões.

4. Se o seu grupo começar a ficar com mais do que sete pessoas, *e* se você conhecer alguém com algum talento literário, poderá mandar imprimir um boletim informativo de uma ou duas páginas contendo idéias e técnicas de cura, comentários sobre livros de cura e citações inspiradoras.

5. Enquanto seu grupo permanecer relativamente pequeno você não precisará se preocupar com mensalidades ou coisas desse tipo, mas se as coisas chegarem a um ponto em que o custo dos refrigerantes, dos boletins informativos, etc. torne-se muito alto, converse com o grupo para estipular uma contribuição razoável que cubra as despesas.

As Atividades nas Reuniões (escolha a sua própria ordem)

1. *Período de Estudo.* Destina-se à discussão e à demonstração de idéias e técnicas de autocura, bem como ao relato de experiências individuais de cura. Uma maneira fácil de fazer isso é pedir a alguém que leia uma passagem de um livro sobre autocura (seja este ou algum outro que apresente interesse), discutindo a seguir o que foi lido e experimentando as técnicas que possam ter sido mencionadas.

2. *Período de Cura.* Esse é o momento de trabalhar diretamente com os integrantes do grupo. A meditação em grupo é uma das maneiras, quando conduzida por alguém que apresente sugestões de cura para todos os presentes. Ou o grupo pode querer ouvir uma fita de meditação ou de cura, dessas que estão disponíveis no mercado. Uma prática bastante eficaz é pedir a uma pessoa que esteja precisando ficar curada que se sente no centro do grupo enquanto as outras dirigem com as mãos a energia de cura para ela, como foi descrito no Décimo Quinto Capítulo, emitindo silenciosamente ou sussurrando sugestões de cura. Se todos quiserem, cada um pode ter a sua vez de ocupar o centro do grupo. É claro que a pessoa que estiver recebendo ajuda fará ao mesmo tempo o seu trabalho interior.

3. *Momento Social.* Para que seja criada uma boa sintonia entre os participantes, é de fundamental importância que exista um momento de confraternização, em que apenas se bate papo e se tomam refrigerantes. Algumas vezes curas surpreendentes podem ocorrer de maneira espontânea nessas ocasiões. Recomendo, contudo, que essa confraternização seja feita no final da reunião, se é que você realmente deseja que alguma outra coisa seja feita.

Atividades Fora das Reuniões

1. *Linha Direta de Cura.* Creio que esta é uma das mais importantes atividades da cooperativa. Significa que qualquer um de seus membros pode ter a liberdade de telefonar para um outro quando sentir que precisa de ajuda, de reforço, de incentivo ou de informações a respeito de cura. É extremamente encorajador saber que temos alguém a quem recorrer em caso de neces-

sidade. Se a pessoa chamada não se sentir capaz de fornecer ajuda sozinha, ela, por sua vez, pedirá aos outros membros do grupo que procurem a pessoa que está precisando de ajuda, ou convocará uma reunião de emergência. Na maior parte das vezes, contudo, a pessoa necessitada precisa apenas de uma voz de encorajamento de uma ou duas idéias.

Enquanto eu escrevia o último capítulo, recebi um chamado de um membro da cooperativa cuja filha acabara de apresentar uma febre bastante alta enquanto a família se preparava para sair de férias. A mãe disse que estava pensando em levar a menina ao médico naquela tarde. Eu lhe disse que era uma boa idéia, mas nesse meio-tempo perguntei-lhe se alguma coisa havia acontecido que pudesse ter aborrecido a garota. Na verdade, a menina tinha acabado de discutir com o irmão. Sugeri então à mãe que fizesse a menina "surrar" mentalmente seu irmão, e depois me telefonasse. A mãe inclusive conhecia essa "técnica", mas havia se esquecido dela na ansiedade do momento. Não se passou muito tempo, e a mãe me telefonou para dizer que a temperatura da menina havia voltado ao normal e que ela havia se divertido muito com o exercício.

Bem, com isso chegamos ao final do livro. Apresentei nele muitas idéias, teorias, experiências e técnicas na esperança de que pelo menos alguns de vocês possam encontrar alguma coisa que os ajude a ficar mais saudáveis e felizes. Por mais que eu queira, não posso fazer nada *por você*, assim como ninguém pode. Mas o objetivo deste livro está bem representado nestas linhas de Lord Byron:

> "*As palavras são coisas, e uma pequena gota de tinta,*
> *Caindo como o orvalho sobre um pensamento, produz*
> *Aquilo que faz milhares, talvez milhões de pessoas pensar.*"

O PODER DO PENSAMENTO POSITIVO

NORMAN VINCENT PEALE

Eis alguns capítulos deste livro: *Tenha Confiança em Si Mesmo — O Espírito Tranqüilo Gera Energias — Como ter Constante Energia — Recorra ao Poder da Oração — Como Criar a Sua Própria Felicidade — Acabe com a Exaltação e Agitação — Espere Sempre o Melhor e Consiga-o — Não Acredito em Fracassos — Como acabar com as Preocupações — Como Solver os Problemas Pessoais — Como Empregar a Fé na Cura — Quando a Vitalidade Estiver em Declínio, Experimente esta Fórmula de Saúde — O Influxo de Novos Pensamentos Poderá Fazer de Você um Novo Homem — Acalme-se para que Possa Adquirir Facilmente Novas Fôrças — Como Fazer as Pessoas Gostarem de Você — Receita para a Amargura — Como Recorrer ao Poder Supremo — Epílogo.*

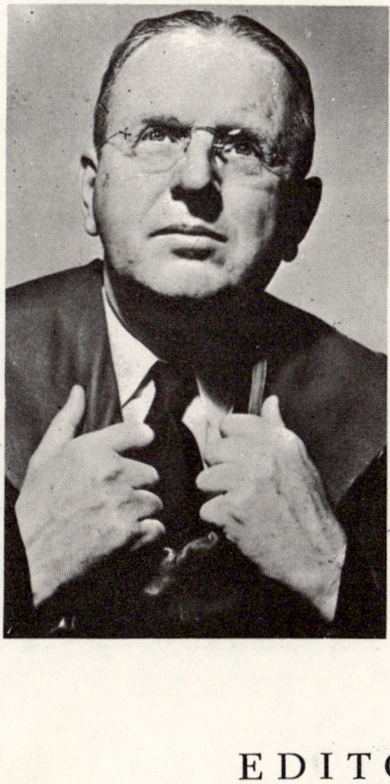

Norman Vincent Peale é professor do "New York's Marble Collegiate Church", de Nova Iorque. Considerado na América do Norte como o ministro dos "milhões de ouvintes" e como doutor em "terapêutica espiritual", tornou-se popular através de sua colaboração na imprensa, rádio e televisão e pelos admiráveis volumes em que vem reunindo o melhor de sua constante pregação, particularmente aquela que desde 1937 mantém num dos mais ouvidos programas radiofônicos dos Estados Unidos. Milhares de consultas chegam-lhe diariamente de todos os recantos do mundo. E milhões de pessoas já lhe agradeceram os conselhos e sugestões que as levaram a reencontrar a felicidade perdida.

★

EDITORA CULTRIX

HEI DE VENCER

ARTHUR RIEDEL

Neste livro, ARTHUR RIEDEL, verdadeiro professor de otimismo, expõe, em linguagem clara e atraente, uma filosofia prática de vida baseada na auto-sugestão mental e no desenvolvimento da vontade. Trata-se de livro que se dirige particularmente a todos quantos ainda não se encontraram ou não acharam a paz interior necessária a uma existência calma e venturosa. HEI DE VENCER ensina seus leitores a cultivarem uma imaginação positiva, que os capacite a obter na vida aqueles triunfos de ordem espiritual e material que antes lhes pareciam impossíveis de alcançar.

EDITORA PENSAMENTO

O PODER DO PENSAMENTO

Annie Besant

Durante muitos anos, a civilização ocidental se dedicou a aprender sempre mais a respeito do corpo físico do homem, geralmente atribuindo demasiada importância a esse aspecto do seu ser e fechando os olhos para a natureza da própria vida em si, como um todo, em detrimento do conhecimento da mente humana.

Antes do advento de psiquiatras como Freud e Jung, dava-se pouca atenção à natureza de nossos pensamentos e emoções. O conhecimento que temos à nossa disposição sobre este fenômeno absolutamente único, o *homo sapiens,* é, em sua maior parte, importado da eterna sabedoria do Oriente. É sobre os conceitos dessa escola que se baseou Annie Besant para tecer estas considerações a respeito do poder do pensamento.

Hoje, no Ocidente, a "ciência da mente" está atingindo a importância que merece e a civilização ocidental reconhece o imenso valor de se estudar o homem como uma entidade holística e de se chegar a um consenso a respeito da mente humana, num reconhecimento tácito do pioneirismo dos sábios do antigo Oriente nesse campo do conhecimento humano.

Tudo isto faz com que este estudo, originalmente publicado há algumas décadas, continue a ser vital e absolutamente oportuno para o mundo perturbado em que vivemos.

EDITORA PENSAMENTO

TEORIA DOS CHAKRAS

Hiroshi Motoyama

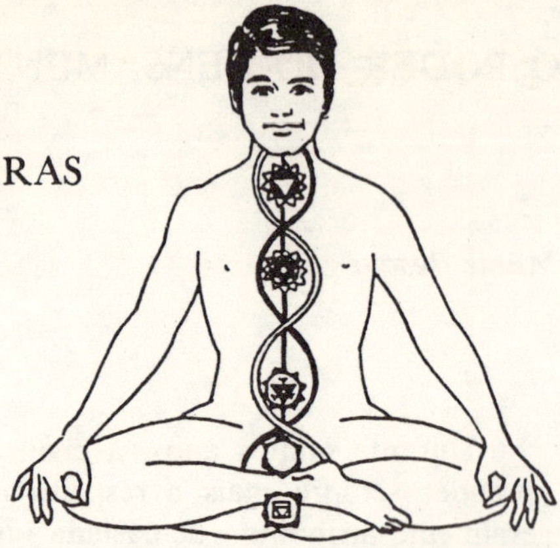

O interesse dos ocidentais pelos chakras foi despertado, em grande parte, pelos trabalhos de Charles W. Leadbeater, cuja obra é analisada pormenorizadamente neste livro, junto com a de outros videntes e iogues de grande relevância.

Centros de energia que formam um elo entre o corpo físico e o corpo astral, os chakras são indispensáveis para a boa saúde física, emocional e mental das pessoas. Por meio de exercícios intensivos de ioga, explicados neste livro, o Dr. Hiroshi Motoyama conseguiu tomar plena consciência de seus chakras, cuja atividade hoje pode ser medida cientificamente graças a um aparelho de sua invenção, capaz de registrar as modificações no campo eletromagnético do corpo humano.

Formado pela Universidade de Tóquio, o Dr. Hiroshi Motoyama é Ph. D. em Filosofia e Psicologia Clínica. Seus esforços no campo da ciência resultaram na organização do Instituto de Psicologia Religiosa e na Associação Internacional de Religião e Parapsicologia, organização internacional cujos membros realizam pesquisas e estudos relacionados com essas áreas. Em reconhecimento pelos seus trabalhos, a UNESCO elegeu-o, em 1974, um dos dez parapsicólogos mais importantes do mundo. Ele também é reverenciado por diversas organizações científicas e serve como consultor em algumas associações e institutos de renome internacional.

EDITORA PENSAMENTO

CONHEÇA

os centros magnéticos vitais do ser humano.

Chakras são os centros magnéticos vitais, que fazem parte da natureza oculta do ser humano. O seu estudo é deveras proveitoso e fascinante. Despertar e ativar sucessivamente cada um dos sete *Chakras*, pela meditação e força de vontade, e segundo o método seguro indicado pelo autor, é abrir-nos as portas de um novo mundo, até aqui fechados em nosso eu inteiror.

Este livro ensinará os leitores a desenvolver progressivamente os seus centros magnéticos vitais, o que lhes proporcionará uma vida mais completa, mais feliz e espiritual.

EDITORA PENSAMENTO

Os Chakras

FORMAS DE PENSAMENTO

ANNIE BESANT e C. W. LEADBEATER

Hoje em dia se encontra muito generalizada a idéia do poder e influência do pensamento. Essa influência não atinge somente o pensador, mas também ao meio onde ele vive e atua. É muito antigo o conhecimento desse fato, pois uma velha escritura hindu vinha dizendo há milênios: "o homem se converte naquilo que ele pensa", e todos os grandes instrutores religiosos e filósofos insistiram sobre a necessidade da boa ética na aplicação do pensamento e as responsabilidades que implica.

Por isso, educar e disciplinar o pensamento tem constituído o primeiro passo na via do aperfeiçoamento individual e no aprimoramento da inteligência e do caráter.

O que nem todos sabem, porém, é que os pensamentos são "coisas" no mundo oculto; isto é, além de ser uma força, produzem definidas formas mentais, com cores próprias, segundo a natureza do pensamento, e com uma duração proporcional à intensidade da energia que o engendrou. Essas formas mentais, conscientemente feitas e bem empregadas, podem produzir resultados surpreendentes enquanto subsistirem, por tempo variável de minutos a séculos.

Graças às superiores faculdades psiquicomentais, de que eram dotados, os autores desta obra puderam estudar minuciosamente essas e outras peculiaridades dos pensamentos. E procuraram expô-las aqui clara e metodicamente, de sorte a transmitir a outros os resultados de suas experiências e mostrar-lhes como disciplinar a sua mente e aproveitar de maneira inteligente os seus próprios recursos internos, que são enormes, variados e muito ignorados.

Acrescentaram também um capítulo muito instrutivo sobre o significado das cores dos pensamentos. Por ali se pode saber que as cores que nos rodeiam podem fortalecer ou enfraquecer nosso ânimo, irritar-nos ou acalmar-nos, entusiasmar-nos ou deprimir-nos, ser-nos saudáveis ou doentias.

Trata-se, pois, de uma obra valiosa e muito útil para todos.

EDITORA PENSAMENTO

O HOMEM VISÍVEL E INVISÍVEL

C. W. Leadbeater

A não ser uma ou outra corrente de base puramente materialista, hoje em dia cada vez mais superada pelo progressivo avanço da ciência em geral e particularmente da psicologia experimental em suas crescentes ramificações, não resta a menor dúvida de que a verdade está, como sempre esteve, com as filosofias e religiões que em todos os tempos têm afirmado a dualidade espiritual-material da natureza humana. O homem, como toda a Natureza, é um ser dinâmico, um centro de complexas energias, que dentro e fora dele se manifestam em vibrações, sons, cores e formas.

O homem é, em suma, um complexo de dois elementos fundamentais, definidos mas freqüentemente confundidos entre si: subjetivo e objetivo, espírito e matéria, vida e forma, alma e corpo, divino e humano, positivo e negativo. Nunca, porém, neste mundo, ele poderá ser reduzido à expressão de um só desses elementos, isto é, jamais poderá ser só subjetivo ou objetivo, só espírito ou matéria, pois que é um composto de ambos; o espírito não pode externar-se sem a matéria, e a matéria é morta sem o alento do espírito. Em que pese a aversão ou má vontade dos recalcitrantes, toda a psicologia e fisiologia moderna tendem a comprovar e provar este fato. Por isso, também o homem jamais poderá ser estudado e compreendido por quem procure ignorar sua constituição dual e pretenda analisar-lhe só a metade, — só como espírito ou só como matéria.

O presente livro, o primeiro no gênero em língua portuguesa, é um consciencioso estudo da dupla natureza do homem, e muito especialmente do lado fisicamente invisível de seu ser, porém nitidamente visível a homens dotados da faculdade da clarividência, hoje aceita até por grande parte da moderna parapsicologia e que o autor emprega com perfeita segurança.

Todavia, este interessante assunto nada tem de novo, pois que é bem conhecido na filosofia da Ioga oriental, como também do Budismo, que representa o grande Gautama Buda envolto numa maravilhosa aura circular, geralmente formada de sete faixas de cores distintas. Nas descrições e arte cristãs, essa aura, ou auréola, é pintada à roda do corpo inteiro dos anjos, dos santos ou das Pessoas da Santíssima Trindade, de forma oval ou elíptica, às vezes com *nimbo* ou disco luminoso a rodear a cabeça.

O trabalho do Sr. Leadbeater consistiu, pois, em estudar esse velho, conhecido e útil assunto, porém por processos mais naturais e científicos. Por aí se vê que a aura não é privativa só de seres mais santos e perfeitos, porém é comum a todos os seres, e mesmo a coisas, apenas variando a sua forma, contornos e coloridos, segundo o grau evolutivo de cada um. E, o que é muito mais importante, o autor nos ensina como corrigir as distorções de nossa aura, como desenvolvê-la e sublimá-la, e como aumentar o seu diapasão vibratório. É, pois, uma obra eminentemente instrutiva e educativa, capaz de enriquecer qualquer estante.

EDITORA PENSAMENTO

Outras obras de interesse:

A CIÊNCIA DA CURA PSÍQUICA
Yogue Ramacháraca

CURA PRÁTICA PELA ÁGUA
Yogue Ramacháraca

CURA PELA MEDICINA NATURISTA
Dr. Jaime Scolnik

A CURA PELAS MÃOS
Richard Gordon

MÃOS DE LUZ
Barbara Ann Brennan

MÃOS QUE CURAM
J. Bernard Hutton

PALAVRAS QUE CURAM
Douglas Bloch

PLANTAS QUE AJUDAM O HOMEM
Dr. José Caribé e *Dr. José Maria Campos*

O PODER DE CURA DAS PEDRAS PRECIOSAS
Harish Johari

RADIESTESIA E SAÚDE
Käthe Bachler

RESPIRAÇÃO ORIENTAL
Takashi Nakamura

T'AI CHI CH'UAN PARA A SAÚDE
Martin e *Emily Lee* e *Joan Johnstone*

A AURA E SUAS CORES
Ruth Berger

O MISTÉRIO DA AURA HUMANA
Ursula Roberts

INICIAÇÃO À ARTE DE CURAR PELO MAGNETISMO HUMANO
Paul-Clément Jagot

HARA – O Centro Vital do Homem
Karlfried Graf Dürckheim

A ENERGIA ESPIRITUAL E SEU PODER DE CURA
Dudley Blades

TÉCNICAS MODERNAS DE RELAXAMENTO
Sandra Horn

Peça catálogo gratuito à
EDITORA PENSAMENTO
Rua Dr. Mário Vicente, 374 – Fone: 272-1399
04270 – São Paulo, SP